谨以此书献给汇佳幼儿园15周年

成长可以更精彩

给你一个不一样的童年

BEST GROWTH BEST FUTURE

汇佳 著

当代中国出版社
Contemporary China Publishing House

图书在版编目（CIP）数据

成长可以更精彩 / 汇佳著. -- 北京 ：当代中国出版社，2014.6

ISBN 978-7-5154-0471-4

Ⅰ. ①成… Ⅱ. ①汇… Ⅲ. ①幼儿园－教案（教育）Ⅳ. ①G613

中国版本图书馆CIP数据核字(2014)第114203号

出 版 人　周五一
策划编辑　黄　珊　刘建喜
责任编辑　黄　珊　王延新
装帧设计　富连成社
出版发行　当代中国出版社
地　　址　北京市地安门西大街旌勇里8号
网　　址　http：//www.ddzg.net　邮箱：ddzgcbs@sina.com
邮箱编码　100009
编 辑 部　（010）66572264　66572132　66572154　66572434
市 场 部　（010）66572281或66572455/56/57/58/59转
印　　刷　北京兴湘印务有限公司
开　　本　787×1092 毫米　1/16
印　　张　16印张
版　　次　2014年7月第1版
印　　次　2014年7月第1次印刷
定　　价　39.00元

1.幼儿园主楼外观——安贞园
2.汇佳幼儿园新华联园
3.幼儿园主楼外观——神州园
4.幼儿园主楼外观——万泉园
5.汇佳生日快乐
6.我和汇佳一起成长

成长可以更精彩！
Best growth Best future

1.汇佳董事长王志泽与小朋友在一起
2.I can speak English
3.认真作画
4.这是为什么呢?
5.无尽的关爱
6.滑动快乐

成长可以更精彩!
Best growth Best future

目录

第二章　尊重孩子的成长节奏/23

PREFACE |序|

成长可以更精彩

我的记忆里有这样一个孩子，他叫米乐。

1999年，汇佳幼儿园创立，2000年，米乐来到了汇佳幼儿园。

“我们的孩子不好管，辛苦你们了。”孩子的父亲说。和所有的年轻父母一样，他们把孩子视作自己“最伟大的作品”，可没过多久，他们发现，这个“作品”不同寻常，小男孩淘气得惊人，在墙上信手涂鸦；他酷爱自由，爬来爬去探索家电的奥秘；他还是个“问题大王”，时常提出一些石破天惊的问题，让爸爸妈妈不知如何作答……

“不好管”的米乐被爸爸送到了汇佳。“听说，你们汇佳崇尚本真教育，不同个性的孩子都能快乐成长。米乐在这儿，应该算是找到家了吧。”爸爸满怀期待。

妈妈还是有点儿担心，米乐太淘了，老师会不会不喜欢?

可如今看来，妈妈多虑了。基于国际文凭组织小学项目的框架设计，米乐精灵古怪的探究愿望、勇敢进取的天性，得到了充分的释放。在各式各样趣味盎然的探究活动中，送河豚过河，探秘海洋世界，模拟小小银行家……米乐和幼儿园的小朋友们，初步了解我们是谁、我们处于什么时空、我们如何自我表达、世界如何运作、我们如何自我组织、我们如何共享地球。”

这份自由，又是张弛有度的自由。我们与孩子拉钩盖章签下幼儿园公约："不挑食；吃完午饭认真刷牙；主动喝水，不让老师叫；上下楼梯靠右行，多多锻炼身体好；认真倾听他人讲话；回答问题前，请举手；做一个遵守规则的好孩子。"

"当时的我们，还不理解这些规则的深意，但今天，当我在哥伦比亚大学求学，因为谦逊有礼的行为举止和善思笃行的习惯积淀获得教授和同学的认可时，我终于意识到，幼儿时期的一点一滴，是如何影响我的今天与明天，他们说：'米乐，你独辟蹊径的思路总让我们深受启发；但与此同时，你的思维又十分缜密，重视每一个细节，待人温文尔雅，大家都感受到你发自内心的尊敬与礼让……这是怎样做到的？不可思议！米乐！你帅呆了！'

人生百年，立于幼学，果非虚言！

师恩难忘，祝福母校，永永远远！"

已就读于美国哥伦比亚大学的米乐给我写来了这样一封信。

在走进大学校门的那一刻，他对爸爸当初的坚持，对13年朝夕相伴的汇佳充满了感激之情。

在汇佳幼儿园度过了自己欢乐的童年之后，米乐继续在汇佳小学、初中以及高中接受了汇佳教育的完整课程。

他在"科学集市"中品味着思维探险的乐趣，在汇佳图书馆里自由遨游，参加"模拟联合国"活动、就"金融风暴"展开激辩……丰富的交流与实践机会，锻炼了米乐交流与表达的能力，这些学习让他日后步入世界大舞台时，从容不迫、优雅自如。

"汇佳的孩子，有点儿像那小小的、奇异的星辰，无论放在哪里，总在不经意间散发出自己的气场与光华。"

在汇佳，像米乐一样精彩绽放的孩子，不乏其人。个性迥异、节奏不一的孩子，在汇佳得到了充分的释放。

这背后，与汇佳15年来孜孜以求的理想是分不开的：办一所好的、完全的、遵循教育规律的学校，尊重每个孩子的个性与节奏，从"本真"的角度出发，以生动有趣的形式，伴随愉悦的情感体验，给孩子一生一世的心灵滋养，为他们良好的行为习惯和思维习惯打下基石……让每个孩子的成长都更精彩！

如今看来，我们最初的理想，已经达成。汇佳的蓓蕾，已在世界各地落地生根。汇佳幼儿园毕业的孩子，正在国内外的高校，演绎属于他们的精彩。

未来会是什么样子，我还无法具体描绘，但我确信，孩子们的精彩不止步于此，幼年时期的良好积淀，会助力他们的一生。

汇佳也将一直是您与孩子们的家园，成长之路，苦乐酸甜，汇佳无尽的祝福和温馨的注视，不随毕业季而结束。长长久久，与您为伴。

王志泽

2014年5月

1.蹲下来！倾听孩子的心声
2.欢乐童心放飞梦想
3.我有一个大发现
4.运动让我们更健康
5.呵护幼小的成长

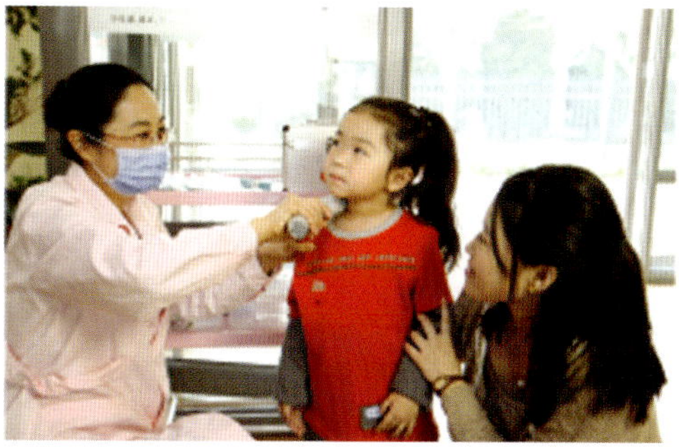

1	2
3	
4	5

1.五彩缤纷的世界　沈筱蝶　6岁　合肥汇佳春融苑园
2.毛毛虫也有梦想　陈果　5岁　汇佳长沙佳咏江苑园
3.我们一起放风筝　刘荪阳　5岁　汇佳国际园
4.向日葵们的万圣节　王浚皓　5岁　汇佳绣江南园
5.环保机器人　盛嘉俊　5岁　汇佳聚江苑幼儿园

第一章 稚子三年，人生百年

一种思维上的误区，如同病菌，可能贻害您的一生。

“童年无关紧要。在哪里，以什么样的方式，度过童年，无关紧要。”

“我们小时候没上幼儿园，不也健健康康到现在了吗？”

这类漫不经心的说法，不是经常被随意地传播吗?

童年对一个人，特别是6岁以前的初生代，那开辟鸿蒙的时期，对一个孩子来说，真的无关紧要吗?

真相只有一个，现在，让我来扮演一次柯蓝，来与您分享童年的真相。

营养，源自本真

一 童年的真相

不管是垂垂老矣的老者，还是为事业生活奔波的中年人，回首童年时，都难掩心头温柔的涟漪。那是我们初涉尘世时的快活与温暖，是被纵容的淘气与率真，是上帝赐予人世的一道光。

它，是罗大佑的歌词："池塘边的榕树上/知了在声声地叫着夏天。"

是舒尔茨的漫画，天才弟弟莱纳斯须臾离不开毛毯，女主角露茜总是很剽悍，而史努比，总是上天入地无所不能。

是安东尼·德·圣·埃克苏佩里笔下，纯真无比的世界。

所以，谁又能忘记并低估童年呢?

童年经历特别是启蒙时期（0岁到6岁），对人一生的影响是极为深远的。很多教育学家、心理学家对此有过深刻精辟的论述。如精神学派大师、对20世纪思想史产生过重大影响的心理学家弗洛伊德，在《梦的解析》中提及，童年体验在人的人生历程中占有不可忽视的分量。成人的行为、想法及情感，都和童年时的创伤、痛苦或恐惧密切相关。

人从出生以来逐渐有意识，三岁进入幼儿园，六岁入学，一般来说，这时期所发生的事情，所接受的信息，都深藏于潜意识中。如果这段时间，孩子接受的是明媚的、丰富的、启迪智识的信息，那他很幸运，他会得到强大的正面暗示；但如果不幸，他遇到的是冷漠、狭隘、遏制与打击，那么，这些也会储存于他的潜意识，成为他日后工作与生活上空的霾。所以，中国有“人生百年，立于幼学”一说。

同样度过童年，有人成为“毕加索”、“安徒生”，有人沦为“撒旦”。

童年，既可能是天堂，开心星球，也可能是扼杀天性的荒岛。

一切的美好或丑恶，都会成为这孩子生命中的印痕。

作为家长，孩子的守护者，提着灯笼在前面为他探路与照明的人，在入园的这一刻，要为孩子选择的，也许是他一生的色彩，一生的光亮。

二 蓝精灵之殇

幼儿园作为学前教育机构，它接纳三至六周岁幼儿，进行保育教育。让幼儿身体、智力和心理得以健康发展，是幼儿园的初衷，帮助孩子健康快乐地度过童年时光，是幼教工作者的目标。

最早的汇佳幼儿园，于1999年成立于北京方庄。从成立伊始，我们就把“成长可以更精彩”作为教学理念与信念。在汇佳幼儿园，尽管各个园所，有着独特的建筑风格，有着各自的教学特色、办园特色，但让孩子的成长更加精彩，是汇佳从园长到老师共同的目标。

与此同时，作为幼教工作者，我们也时有忧心忡忡之感。

教育的初衷是什么？

在那山的那边海的那边有一群蓝精灵，

他们活泼又聪明，

他们调皮又灵敏，

他们自由自在生活在那绿色的大森林。

我们的孩子，就应该是这样一群蓝精灵啊！

然而，生活并不尽如童话般美好。一位家长向我们讲述了一个“蓝精灵夭折”的故事。

这个故事的主角——让我们落泪的小男孩，是我们一个K4班家长战友的孩子。

他就读于北京市一所很知名的小学，从小就是个品学兼优的孩子，从幼儿园开始就拿了无数的奖，学习在全年级保持前五名，前途无量。可是有一天，“少年维特”夭折了。在给老师留了一封信后，他从学校的十三层楼跳下。

信里孩子的话，让我们这些幼教工作者痛心疾首：“老师，我实在承受不了了。我实在做不完作业了。”

家长的伤心，当然难以言喻。他的战友把这个事情发到我们班的微信群里，我们这些老师也进行了讨论。这背后隐藏的教育问题，值得我们每一个人深深反思。

孩子走到最后这一步，不是因为他的智力有问题，是在于他的心智不完善。而孩子的心智不完善，归根结底，是谁之错？

让我们回溯到生命的本原吧。唯有在对本原、本质的追踪中，我们才能还教育以本来面目。

黎巴嫩艺术天才、曾写下不朽名篇《先知》的纪伯伦，曾创作过

传唱一时的《孩子》，蕴含了对生命本真最精妙深刻的启示。

你们的孩子，都不是你们的孩子，

乃是“生命”为自己所渴望的儿女。

他们是借你们而来，却不是从你们而来，

你们可以努力去模仿他们，却不能使他们来像你们，

因为生命是不倒行的，也不与“昨日”一同停留。

这首诗，实际上揭示的是教育者与家长要解决的核心问题：我们与孩子的关系究竟为何？我们带孩子来到这个世界，究竟是要给予他们什么？

孩子是上帝赐给我们的礼物，不是我们的依附物。他是上帝寄存在我们这儿的精灵，我们可以抚育他，却不能左右他。

我们能给孩子的最好教育，是遵循孩子身心发展的自然规律，尊重孩子的成长节奏，帮助他们健康快乐地完成生长历程。

可现实中南辕而北辙的故事，却比比皆是。

有些父母，为了让孩子接受好的教育，不惜重金买学区房。有的教师，为了让孩子拿高分，自己恨不得呕心沥血。

你说他们不爱孩子？当然不是。

但至少，他们的爱，不完全。

真正完全的爱，最先要告诉孩子的是，即使这辈子都做不成学霸，也不要紧。人生还有百般丰富的滋味，等你去品尝。

在汇佳办公楼，悬挂着一幅摄影作品，几乎每位来汇佳做客的家长都会好奇地询问：“它有什么含义？”极简洁的黑白配色，婴儿依偎在母亲的怀里吮吸着乳汁，稚嫩脸蛋上流露的全是静谧与满足。

“营养，源自本真。”这是我们的回答。

还童年以快乐，让孩子成为孩子，这就是“教育本真”的含义，也是我与汇佳人多年来孜孜不倦的方向。

二蹲下来，听听孩子的世界

教育本真，知易行难。

很多家长，包括一些年轻的教育工作者，虽然道理上明白，实际养育的过程中却总有格格不入之感。

为什么感觉走进孩子的世界那么难？

他为什么无缘无故地哭泣？

这样的小事，也做不好？

……

也许要切换一下频道，我们才能真正进入孩子的世界。

在汇佳有一个让外人觉得“奇怪”的规定，老师要蹲下来和孩子讲话。不仅是老师，我们与家长也约法三章，您与孩子讲话请蹲下来。

为什么“蹲下来”如此重要？

因为如果不低下身子，与孩子保持同一视线，就永远无法用孩子的视角打量世界。

“同一片花瓣，在蜻蜓与蝴蝶眼中，却不尽相同。”同一个地球，同一片星空，在大人与孩童看来，也大相径庭。

大家可能都有过类似的经历：小时候，我们很容易认为自己家的院子很大，几棵枣树、一方花圃，就成了嬉戏打闹的乐园。玩捉迷藏、跳房子，没事时和小伙伴儿一圈圈赛跑，小小的院落仿佛辽阔无边……

可现在，当您再次步入当年的院子，感受一定天差地别：来来回回，踱上三步，院子就到头了。这时，您自己都会困惑，当年我就是在这个院子里“跑马”的？

院子依然如故，只是您的空间感变了。物换星移，当年的三尺垂髫，已长大成人了，视野、视线发生了变换，空间感也就与以前不同。类似的经历，人人都有过，只是在漫长的岁月成长中，渐渐淡忘了。如果我们不提醒自己不断地“重温”，就会在成人的思维里固步自封，对孩子的诉求“大脑空白”。

假设这一次，请您重新回到童年扮演一次孩子，来到幼儿园，您看到的是什么？您的正前方，将不是老师的脸庞，而是……

屁股与大腿。

这就是孩子眼中的世界。不仅是与大人不同，孩子因其个体差异的不同，他们的口味、兴趣、爱好，与世界交流的方式，也截然不同。蹲下来，不是一个简简单单的物理运动。蹲下来，真正要完成思维的切换：您能不能进入儿童的思维，进入儿童所有的感受，与他一同哭鼻子、一同恶作剧、一同欢笑……只有完成这种“穿越”，您才有可能肩并肩与孩子一起面对属于他的“丛林冒险”。

告诉你一个真实的汇佳

一　汇佳：国际教育的领跑者

1993年，北京私立汇佳学校成立于北京市昌平镇龙凤山下。取义为“汇一时之佳蕙”，龙凤山下，有凤来仪。1997年10月20日，学校被国际文凭组织正式批准为国际文凭组织学校，奠定了汇佳国际学校的资质，汇佳成为中国开设IB课程最早的学校之一。

这是寄予汇佳教育理想的“魔法学院”，我们希望为孩子提供完全发展的梦幻公园，而非殊死一搏的角斗场。

“完全发展”何意？我们的解读是，尊重个体的个性与差异。每个孩子出生时，都有他们的禀赋、节奏、个性，这是与生俱来的无可否认的事实。我们一切努力一切变革，都围绕其差异性展开，因材施教，为不同的孩子提供帮助其成长成材的燃料。

这是一块生长奇花异草的植物园。无论是何种类型的植物，大嘴花、豌豆射手、西瓜射手、向日葵、猫尾草……均呈现出参差之美。我们通过丰富多彩的形式，帮助孩子们探究我们是谁（Who we are）、我们处于什么时空（Where we are in place and time）、我们如何自我表达（How we express ourselves）、世界如何运作（How the world works）、我们如何自我组织（How we organize ourselves）、我们如何共享地球（Sharing the planet）。通过这六个主题帮助孩子探索自己感兴趣的学科领域，从而理解一些重要的概念，获得基本的知识和技能，树立良好的学习态度，并且学会承担社会责任。个性迥异、禀赋有别的孩子，经由这些超学科主题，攀援至理想之巅。

性格开朗、交流能力惊人、擅长在中英两种文化之间穿梭的丁可，曾代表中国中学生出席联合国教科文组织青年国际论坛，她两次被授予美国公众学校初中学生最高荣誉奖“蓝带奖”，成为名副其实的东西方文化的交流纽带；想象力惊人、文学才华横溢的张页川，在汇佳没有受到制式化的约束，创作了《冷战》一书，被学弟学妹们广为传阅；擅长逆向思维的崔阳，打着魔兽世界，也没影响他考入美国USC大学，如今开办了齐力拍网；文艺范儿十足的陈逸伦，已拍过两部电影《生死界限》和《幸福的路上》。英国曼彻斯特大学毕业生、现任职于埃森哲公司的刘思远，从小备受爷爷奶奶呵护，但在汇佳他学会了“换位思考”，为别人着想，从而使他受益终生……这些汇佳少男少女不知道，自己已成为学弟学妹们心目中精彩的“星战前传”，他们身上携带的独立、勇敢、创新与批判精神，正激励今天的儿童，成为明天的雄狮。

1999年，汇佳幼儿园第一所分园——方庄园在北京成立，至今已满15年。作为汇佳完全教育的初始阶段，汇佳幼儿园的幼教工作者深悉幼儿园教育是完全教育的起点，依照“新型、高品位、国际化”的办学理念，她们几乎是于一片荒原上不断探索，从简单走向绚丽，从单一走向多元，培养出清新皎洁、面向21世纪的儿童。

这是一群追逐繁星的孩子。曾就读于汇佳幼儿园的振昊同学，在汇佳拾级而上，先后就读于汇佳小学、中学。在幼儿阶段即养成良好习惯的振昊，以卓越的表现当选为汇佳IB电视台台长，“粉丝”众多。2014年9月，振昊同学即将赴美就读，一圆他的电影梦。汇佳小学部的张翰，也毕业于汇佳幼儿园。受“做个有爱心的人”的影响，如今的张翰已成为有情有义的小小男子汉。他曾发着高烧为灾区小朋友送玩具，也曾经募捐过万，创建汇佳小学生爱心林。

俞铄南小同学，200多首钢琴曲及长篇小说《地心历险记》的创作者，今年还不满10岁。她也是3岁时来到汇佳，对汇佳的最初记忆是，这个学校居然很少给出标准答案。比如关于月亮是圆的，老师的提问就很悬疑：“月亮是不是圆的？嫦娥是否真的存在？”晕吗？困惑吗？好奇吗？那就自己去找答案吧……

从幼儿园开始就走进汇佳校园的少年，传承了汇佳品质里一脉相承的十大密码，从小骑手成长为真正的勇士。“儿童急走扑黄蝶，飞入菜花无从寻。”他们在令人心醉的春意里，探寻着茫茫生命的真谛，享受着属于童年的饱满的快乐。

这成长的味道啊，不拘一格，千姿百态。有趣的是，这种“参差”丝毫不影响完美。这段求学旅程，是航班起降都心旷神怡的过程。孩子们在幼儿园阶段，玩着就探究了海洋、蜗牛与蝴蝶的奥秘；小学他们继续“玩”，课余练习马术、钢琴，间或研究建筑物的结构；中学阶段，他们一边备考，一边参加“模拟联合国”辩论，讨论全球变暖、金融风暴、索马里海盗……

但结局是——汇佳学子考入世界一流高等学府的比率，已达90%，这一比率有继续增加的趋势。应了电影《阿凡达》的那句台词：“一次飞行，就是终身相伴。”并且，这飞行并未完结。换一个航班，换一个赛道，我们相信，他们会继续领先，继续璀璨。每一个学子，化作这浩瀚宇宙、漫天尘埃里，明亮夺目的星河光云，这就是最真实的汇佳人，最真实的汇佳梦。

三 “胸怀中国心，志做世界人”

汇佳还有一句校训，学子们铭记于心。这句话，陪他们到天涯海角，也陪他们到天荒地老。这句话便是：“胸怀中国心，志做世界人。”此话何意？

汇佳学校的创办者王志泽先生曾经探访欧美各国，学习各国的先进办学经验，并希望有朝一日能达成“英国有伊顿，中国有汇佳”的理想。作为中国人，每年开学典礼上，我与汇佳学子分享的是：胸怀中国心，志做世界人。汇佳既希望汇佳学子在知识经济迅速发展、地球村的时代，从小就形成国际意识，为全球和谐发展，守护同一个地球，树立良好意识，积极参与到国际合作与竞争中，又希望他们能始终将民族感情、民族精神置于首要的位置，成为承前启后继百家之所长，开放胸怀融东西之精粹，破思维之桎，汇科学之精华，具备国际情怀、通晓国际规则的 “国际人”。

从汇佳建校之初开始，学校就把“做一个有爱心的人、有原则的人”，作为学生成长的首要守则。“献爱心活动”，汇佳学校从1995年开始已连续进行了十余年，并且年年都有新内容。2008年5月，汇佳师生为“汶川大地震”累计捐款达114万余元，其中50万元用于建设临时抗震教室。学校师生还十分关爱艾滋病孤儿，陆续救助了吉林、山西、云南、贵州、河南省的300多名孤儿……

而孩子们的心里，几乎装着世界所有的美好，那些纯净透明、让人温暖的小心灵啊！玉树地震，我园“心系灾区，爱心捐款”活动得到了各位家长、小朋友和全体职工的大力支持。

孩子们说："这是爸爸给我的零花钱，我不买玩具了，要把它捐给玉树的小朋友们。灾区的夜晚很冷，他们需要棉被与新衣……"汶川地震中，汇佳幼儿园16所分园向灾区捐款达10余万元。

"没有人是一座孤岛，可以自全。每个人都是大陆的一片，整体的一部分。如果海水冲掉一块，就如同一个海岬失掉一角，任何人的死亡都是我的损失，因为我是人类的一员。"英国诗人约翰·多恩所描述的普世情怀，在孩子面前似乎不需要赘述，她们放弃零花钱来捐款的行为，让我更加相信了一句话："人世的一切美德，本就生长于儿童的身体之内。"

"做一个有爱心的人，就是我们一起学习如何理解、尊重别人的感受，并付出行动。"

"做一个有责任的人，就是我们正直、诚实，在幼儿园这个小社会里，遵守游戏规则，承担责任……"汇佳的孩子们，用稚嫩的语言诠释着她们对IB十大原则的理解。她们在一个责任意识无处不在的校园里成长，她们将来也会用自己的方式，演绎这一代孩子的责任与担当。

二　8条军规，锁定好幼儿园

汇佳一直致力于创建国内最好的幼儿园。什么是好的幼儿园？孩子说："我喜欢。"对孩子来说，去这个幼儿园是他这一周最快乐的事情。这种快乐自然而然，真情流淌，没有任何的伪装与修饰；尽管标准不一，但国际教育界还是公认有如下8条原则，可以依循：

1. 在幼儿园里，他有在家里、在爸妈身边一样的感觉。师生关系是择园时最核心的要素，甚至超越了具体的技能与硬件。它意味着孩子能否得到足够的尊重、呵护与关爱。而这对于小生命体来讲，是最重要的。

2．每天都有好玩的游戏与活动。对孩子来说，去幼儿园不是去服役，而是让人兴致盎然的新探索。

3．教学目标清晰，一目了然。这代表这是一家有计划、有秩序、有规则的幼儿园。它正在稳步地推进中！

4．好习惯的养成。说话要斯文，不要大声讲话。人多时要排队，喝汤时不要有声音。玩完了玩具要收拾好，别人帮助我要说谢谢，让别人帮忙要说“请……”。

6．老师无差别心。在教学上老师做到因材施教，差异化教学，但对待孩子，无论身体是否有障碍，门第如何，一视同仁。

7．丰富的图书。书是人类智慧与文明的结晶。而让每一个孩子成为知识渊博的人，幼儿园的启蒙无疑是第一步。但单纯的知识积累不是目的，喜欢读书、享受读书、让阅读成为孩子的习惯，才是目的。好的幼儿园通过专业的设计，让孩子对原本枯燥的读书识字，燃起兴趣，直到书籍成为孩子一生的良伴。

8．符合儿童审美趣味的环境。幼儿的年龄特征决定了他们对世界的认识还是感性的、形象的，幼儿的认知能力是在其与环境的相互作用中获得发展的。不断变化的墙饰，具有鲜明主题的环境设置，丰富的色彩，对幼儿的手、脑、眼以及认知世界的能力都有明显的提高。

一位诺贝尔奖得主曾高度评价他的幼儿园生活：“幼儿园里，我学会了很多。比如，把自己的东西分一半给小伙伴们；不是自己的东西不要拿；东西要放整齐；饭前要洗手；午饭后要休息；做了错事要表示歉意；学习要多思考，要仔细观察大自然。我认为，我学到的全部东西就是这些。”

简单而丰富的三年，决定了一个人一生的高度与走向。

家长们心中的汇佳

我们清晰地记得汇佳第一所幼儿园——方庄园成立时的情景：全园共有幼儿9名，教职员工12名……而现在想为孩子报名的家长，实不相瞒，络绎不绝。他们既可能是因为喜欢汇佳的理念，更可能是无意中的一个心灵触碰，令他们投下赞成票。

＝ 5次辗转，心之所属是汇佳！

来汇佳之前，小孜琪先后在4家幼儿园待过。小孜琪从小就喜欢唱歌、讲故事和下围棋，也喜欢毛绒玩具。当然，最大的爱好是自由。在小孜琪到了上幼儿园的年龄时，妈妈辗转地帮小孜琪联系过几家幼儿园，可小孜琪都没待满一个月，就回家摊牌："不想再去了。"妈妈问："为什么？"宝宝回答说："那里我不是很自由。"

备受家人疼爱的小孜琪从小就特别自由，上哪儿去从来不跟大人说，抬起脚就走。这样酷爱自由的小孜琪让妈妈头都大了。妈妈就想着找一家幼儿园，既要让孩子觉得自由，又能学到东西。后来，她选择了汇佳。刚转到汇佳来的小孜琪，十分活跃，许多早期入园的小伙伴们跟孜琪不熟，不太与她亲近。孜琪只好抱着小鹿踮着小脚丫子在班上充满好奇地游走，还时常故意把别人刚搭好的积木城堡推倒。即使是一连几天如此，老师始终没有指责她。

然而，天性自由的孜琪并没有那么容易安静下来。中午，她又想睡在挨着窗户的小床上，并搂着小鹿午休。老师很快想出来一个点子，和孜琪商量说：“老师帮你把小鹿放在窗户上，在你午休闭眼睡觉时，小鹿帮你看着窗外发生的事。这样在你睡着的时候，小鹿可以不休息帮你值班。”孜琪这才慢慢地安安静静午休了。

一个月期满，妈妈心里打鼓，担心孜琪又提出转园的想法。可是小家伙快快乐乐背起小书包去幼儿园了。

从熟悉、自由、宽松的家庭生活到陌生的环境、陌生的同伴、陌生的老师以及具有约束力的集体生活，这种变化会给幼儿带来不少的压力，幼儿容易出现依恋家人、不愿来园、情绪低落、紧张焦虑、不合群等现象。这时，需要教师和家长的共同努力，相互配合，帮助幼儿和谐过渡，适应幼儿园的生活规律，形成良好的习惯。

二 “明镜无尘，我之所求！”

元元妈妈认可汇佳，基于对汇佳老师职业素养和职业精神的钦佩。

经过两年多在幼儿园的学习、生活，小元元在各方面都进步神速，他也很喜欢班主任王老师。妈妈和元元出去旅游时，看见了一件可爱的小工艺品，就想买下来送给王老师。万万没料到的是，这件并不昂贵的小礼物，没能送出去。王老师微笑着说："元元，谢谢你，但老师不能要。"

小元元去敲园长的门："园长妈妈，你为什么不允许老师收我和妈妈的东西呢？这个是我和妈妈给王老师精心挑选的啊。"

园长明白孩子的热切，但她告诉孩子："小元元，老师心里装着每一个小朋友。即使你不送给老师礼物，老师也会感谢小元元。问题在于，如果你今天给老师送了这个小礼物，其他小朋友看到了，也会给王老师送礼物，这不就加重了小朋友的负担，也加重了老师的负担？"

这是汇佳坚持的原则。每年，汇佳都有明文的规定，任何一个岗位都不能收家长的礼。这规定后面，有我们一直倡导的价值观——本真与诚实。送礼实际上是纵容了这样一种价值观：根据金钱的多寡决定你所取得的社会认同。我们教导孩子做有原则的人，自己却不守规则，孩子会发自内心地信服吗？教育的出发点和落脚点，都是改变人、成就人，如果在育人的过程中，理念错了、方向错了，那就是误人子弟、害人子弟了。

通过坚决杜绝收礼，我们给了孩子强烈的规则意识。我们告诉孩子，表达心意可以用不花钱的方式，鲜花、感谢信、贺卡，这都是无需奢靡却弥足珍贵的礼物。我们还告诉孩子，学校的规则是公平、平等、透明的。老师对孩子的爱，不会因为送礼的多寡而有什么区别。发自内心的坚持，使得汇佳的老师在面对一些质疑时，格外坦然。

我们一位园长曾遭遇过这样的风波：两个孩子在玩的过程中，一个孩子把另外一个孩子给打了。家长为此争执不下。战火燃烧到园长这里来。园长居中调停，在争辩中，打人孩子的家长话锋一转，开始质疑她：“园长，我想问问你，你收了她多少礼，能向着她说话？”

我们这位园长问心无愧地说道：“我今天郑重地跟您说，您今天说这句话，是对我们的不负责任。您要拿出证据，证明我们收了这孩子的礼，如果没有证明，这句话请您收回。”

不仅仅是这位园长，每位汇佳的老师，都能堂堂正正地回应类似的质疑。每个老师，都不会因为这一点点小事丢掉自己的价值观。

家长选择汇佳的理由也许不尽相同。但从他们将孩子送到这里的那天起，共同的热爱已经将我们联系在一起。

1.汇佳电视台开播了
2.汇佳小骑士
3.培育友爱的心灵
4.我很勇敢
5.锻炼坚强的体格
6.祝福汇佳20年
7.专业马术表演

1. 我们的单车比赛　展东楠　6岁
　汇佳固安孔雀城幼儿园
2. 美丽的家园　段亦茹　6岁
　汇佳聚江苑幼儿园
3. 希望之树　刁木一　5岁
　汇佳春融苑幼儿园

成长可以更精彩！
Best growth Best future

第二章 尊重孩子的成长节奏

选定幼儿园，只是孩子幼儿园生活的第一步。接下来，在与幼儿园生活的亲密接触中，孩子还会不断邂逅新的问题。他们将面临分离焦虑，要建立良好的生活秩序和行为习惯，要与完全陌生的老师、同学相处，并建立起互动关系……

一些家长可能认为，我把孩子送进幼儿园已经大功告成。那是一个愉快的花园，孩子将在里面尽情玩乐。但教育绝不止是把孩子“送”到老师手中就结束的简单事情。

汇佳能提供给您的是什么？不是一个漂亮的花园，而是帮您真正理解教育的平台。

如果我们意识到每个孩子都是独立的个体，其发展节奏存在客观差异，帮助他们完成这4年间的健康发展，很多看起来厚重无比的万里关山，也许就不再坚硬险峻。我们将帮助孩子成为更好的自己，如此，这4年才会变成圣-埃克苏佩里笔下温馨的旅程：

“驯养的意思，这是常常被人遗忘的事情。”小狐狸说道，“它的意思就是建立关系。”

小狐狸说：“对我而言，你只不过是个小男孩，就像其他千万个小男孩一样。我不需要你，你也同样用不着我。对你来说。我也只不过是只狐狸，就跟其他千万只狐狸一样。然而，如果你驯养我，我们将会彼此需要，对我而言，你将是宇宙唯一的了，我对你来说，也是世界上唯一的了。”

小狐狸说：“如果你驯养我，那我的生命就充满阳光，你的脚步声会变得跟其他人的不一样。其他人的脚步声会让我迅速躲到地底下，而你的脚步声则会像音乐一样，把我召唤出洞穴。麦子对我来说一点儿意义也没有，麦田无法让我产生联想，但是，你有一头金发，如果你驯养我，那该有多么美好啊！金黄色的麦子会让我想起你，我也会喜欢听风在麦穗间吹拂的声音。”

当宝宝面临分离焦虑

=“冰山”何来？

送宝宝入园，说起来似乎是个很轻松的话题。有些年轻的家长还会松一口气：“这下属于我自己的时间多了。”试着理解一下孩子的处境：离开了朝夕相处的爸爸妈妈，初来乍到一个完全陌生的环境，要面对一张张陌生的面孔……幼儿对父母的依恋，是许多为人父母者都不知晓的。对孩子来说，父母是食物、安全感、信任的唯一来源。

儿童的成长期，以幼儿园为重要的分水岭。此前，他们身处家庭环境之中，处于“自由人”阶段，而踏进幼儿园那一天起，意味着孩子从此成为“社会人”。有些孩子，在“自由人”阶段，即已完成安全感的建构，这类孩子在入园时相对轻松，能较快地融入幼儿园生活；另一些孩子，由于并未在“自由人”阶段建构起足够的安全感，他们的不安甚至恐惧可想而知。他们会没玩没了地哭，他们会用各种方式表达他们的“不满”，会让你心急如焚却又束手无策。这就是宝宝的“分离焦虑”。对“分离焦虑”，很多幼儿园以“无为而治”的态度，让时间去解决问题。但在汇佳，我们鼓励老师们细致地观察幼儿，进入幼儿的内心世界，以探究式的精神，爱心和技巧，去解决问题。让新来的宝宝们尽快摆脱分离焦虑，融入幼儿园的集体生活，帮助孩子轻松入园。

有的孩子能尽快融入新的环境，有的则需要更长的时间，奇奇就是一例。其他小朋友初入园时，哭泣居多，这类孩子的内心想法是容易判别的，他们是用这种方法，吸引外界的关注。但奇奇话不多，刚来的时候基本上不跟老师沟通，自己跟自己玩。他的内心世界是怎样的呢？老师不得而知。

直到有一次姥姥送他入园，临走的时候对老师说："奇奇嘴里有一个口腔溃疡，破了一小块。请老师多关照。"

"好的。"老师答应了。

那天午餐时，老师特意细细地观察奇奇。果然，奇奇吃得特别慢。老师轻轻地拍拍他，说道："奇奇，今天我知道你嘴里不舒服，老师知道这个秘密，所以你可以慢一点儿吃，不要那么着急。"

简单的一句话，小奇奇的眼睛里突然就闪亮了一下。哎呀，老师原来连我嘴里有泡都知道，老师原来是关注我的。这之后，他对老师的态度明显地不同起来，他开始和老师说悄悄话了，还喜欢与老师拥抱。那一拍，那个嘱咐，那个瞬间，让小男孩忽然有了被催化的感觉。

奇奇的"分离焦虑"属于轻微的，聪聪的"分离焦虑"却是隐蔽、深刻、难以化解的。聪聪是个很有自己主意的女孩。冬天的时候穿得厚，她自己掖不好裤子，露着肚皮容易着凉，老师看着心疼，就想帮她把裤子掖好。她也不说话，但会用她稚嫩的小胳膊用力地把老师甩开。意思很明确：我不需要你。

她的目光从来不和老师接触，跟其他小朋友也是刻意保持距离。张老师想让她开朗活泼一些，于是就主动与她说话：妈妈叫什么名字？做什么工作的？你喜欢什么颜色？喜欢听什么故事？等等。老师费尽心思找她感兴趣的话题，就是为了让她开口。但结果却让人很失望，聪聪宁可独自待在一隅。聪聪酷酷的样子，让老师心疼又无可奈何。

“世上最难的事，莫过于让聪聪开口。”张老师叹息。没有更好的良方，张老师特意去聪聪家做了家访。在她推开门的那一瞬间，她完全不能相信眼前看到的景象：聪聪正在跟保姆做游戏，笑得很开心，跟幼儿园那个酷酷的聪聪判若两人。

原来聪聪不是不爱说话，她很会说话，也很爱笑。但是，她对幼儿园很抗拒。这个孩子有她的节奏，内心有她的安全堤坝，这道堤坝将家与幼儿园隔离，幼儿园属于陌生的区域，老师属于陌生人，在还没获得足够的安全感时，沉默不言是她对这个陌生领域的态度。在与老师目光交汇的那一刻，聪聪脸上的笑容立刻消失了，然后以最快的速度躲到了厨房，用力地关上了门，再也不肯出来。

“聪聪，聪聪！”张老师呼喊了她的名字好几次，心里暗念着，芝麻开门，开门。但孩子铁了心，始终紧闭对话的大门。张老师装作忘记了，转过身来，若无其事地与聪聪妈妈聊幼儿园里的事。可小聪聪，并非对张老师完全不“感冒”。聊天的过程中，她藏身的小门开了一条小缝，一双小眼睛在偷偷地往外看。可是，当目光跟张老师触碰的时候，她又突然把门关上了。如同一只胆怯又忍不住好奇的小猫！

如此反复几次，她发现张老师在温和地关注着她，这种友好的关注似乎让孩子很受用。她的门缝开得更大一些。当听到张老师和妈妈聊到高兴的时候，甚至传来哈哈的笑声时，聪聪干脆从厨房溜了出来，溜到客厅的一个角落。此时孩子的爸爸回来了，还带回了一套过家家的玩具。为了“吸引”聪聪从窗帘后面出来，张老师就跟妈妈一起玩起了过家家。这一招真管用，聪聪看老师与妈妈玩得开心，慢慢地放下了自己的戒备心，从窗帘后出来，然后又走几步慢慢绕到茶几后面，装作拿起自己的小杯子喝饮料。

“聪聪，这些玩具你喜欢吗？”眼看有戏，张老师抓住机会，尝试让她开口。小家伙点了点头：“嗯，爸爸给我买了好多呢！”这是聪聪第一次与张老师对话。刹那间，老师有了“春天来了”的喜悦。这是一个好兆头。师生关系，其实就是一场连接，用心的连接。

接下来的日子，张老师在区角开放时间，鼓励聪聪积极参加角色扮演。聪聪当众说话的难题，在这次活动中，得到了破解。坐在一旁的聪聪看着别的小朋友在游戏中玩得那么开心投入，也有些跃跃欲试。但是动心归动心，要她打破惯性，在幼儿园开口说话还是很难。

“别的小朋友工作得多开心，你不想试试吗？”张老师鼓励聪聪。“想……”小聪聪终于开腔了！

她获得了一个迎宾员的角色。这是张老师的特意安排。因为迎宾员需要不停地当众开口说话，刚开始时聪聪还是只羞怯的小猫，躲在老师身后，老师就把她半个身子都拉出来……第一次迎宾任务完成后，聪聪长长地舒了一口气。她不知道，身边的张老师比她更紧张。

“这一天是起点。”张老师默默念叨着……

的确，从这一天开始，聪聪有了很大的转变。区域活动时，她能够主动参与游戏。来园时能主动跟小朋友和老师打招呼，开心地交流。张老师这时才真正松了一口气，小聪聪的“分离焦虑”这时才算真正解除。

二 企者不立，跨者不行

凡事都有其自身的节奏。骑车、游泳、跑步、打击乐，莫不如是。孩子的自我成长也不例外。在汇佳，我们主张“根据孩子的身心发展规律，实现其应有水平的正常发展。”对待分离焦虑尤须如此。

不同的孩子，对世界有着不同的认知节奏与接受的方式。在寻求了解环境、适应环境的过程中，也有不同的频率。再加上如前所述，有些孩子在自由人阶段，即完成安全感的建构，有些孩子这方面仍然是缺失的，所以，虽然他们身体已经进入了幼儿园，但实际上他们的内心深处对幼儿园生活是“拒绝”的、隔膜的。只有他们的内心认知真正达到了他们认为的“安全度”，才会接纳与拥抱他们的幼儿园生活。

奇奇、聪聪就属于这样的类型。慢半拍不可怕，我们教育的目的，本来就是让不同节奏的孩子，都能在同一环境下快乐的生活。老子在《道德经》里，对“慢”也进行过充分肯定，“企者不立，跨者不行”，认为踮着脚尖不可能永久地站立，迈起大步想要前进得快，反而不能远行。这就要求我们的幼教工作者，有着更高的智慧，更多的技巧，以及对孩子内在自我发自体肤的认同。

我们总是鼓励老师们，放下成人“顽固”的自我，用孩子的方式思考，用特别能探究的精神，深入孩子的内心世界。我们要避免的是任凭自己的主观期望，去给孩子下一个定语，这个孩子很内向、这个孩子很孤僻，这个孩子不听话。我们要避免的是把自己想要的东西塞到孩子心里。只有把孩子本有的东西引出来并使之成长和展现他应有的面目，我们才能看到他那个更美好神奇的世界。

二 改变，从当厨师开始

子昂是另一种类型的分离焦虑。这位小朋友恋家情结很严重，每天早上来园的时候总要跟妈妈斗争一番：妈妈你不要去上班，我不要去幼儿园……然后就是讲各种各样的条件，提各种各样的理由，甚至为了一双鞋就能跟妈妈说上半天。

子昂的妈妈为此很烦恼，她找到张老师把情况做了沟通：“张老师，有什么好办法？”

“请子昂参加我们园的角色扮演游戏吧。”

在汇佳幼儿园，各种有趣的游戏中，角色扮演游戏尤其受到孩子们的喜爱。游戏的内容，是为了让孩子体验不同的职业。以前，孩子们并不知道什么叫职业，只有爸爸是上班的，妈妈是在家的，或类似其他的认知。而从角色扮演开始，他们对职业有了概念，并能发挥自己的潜能，深入角色进行游戏。这个有趣又好玩的游戏，让很多畏惧幼儿园的小朋友都爱上了幼儿园。

张老师将她的班级布置成五彩斑斓的新世界。每个区都有不同的主题。有的区设置成了理发馆，有的区是饭馆，有的区是医院。每个主题区域都设置了不同的角色，比如饭馆区，就有厨师、服务员、迎宾员等。小朋友，你想不想玩这个游戏？想扮演哪个角色？想，那就来应聘。

海选的时候，全班小朋友排成长队，一个一个上前把最好的自己展现出来，那场面不亚于社会上成人世界各种各样的选秀。当然张老师也不清闲，她亲自客串经理，作为面试官考核应聘的人是否称职。这位面试官对前来应聘的小朋友一点儿都不马虎。你的特长是什么？你想做厨师，那你会做什么菜呢？你做厨师的时候会不会迟到？你的身体是不是很健康？你愿不愿意吃早饭？你要是不愿意吃早饭，身体就会不健康，这样就失去了当厨师的资格。

从海选一开始，张老师就把孩子们需要养成的一些好习惯融入进去。要求的条件似乎很苛刻，但孩子们的积极性都很高，大家都很努力。在海选的过程中，原来一些坏习惯都在不经意间被改正了，很多潜能都被激发了出来。游戏进行到中期的时候，效果尤为明显。孩子们为了争取到某个区自己心仪的角色，都会早早地来到幼儿园，吃饭也不拖拉了。因为如果来晚了，吃饭就会晚。如果赶到了别的小朋友后面，就会失去进区的机会。争取不到这个机会，自己心仪的职位角色也就泡汤了。

当子昂妈妈与张老师讨论让子昂参与角色扮演游戏时，子昂小朋友则躲在门后露出半个小脑袋偷偷地看张老师，有些期待，也有些害怕。

“子昂，你想当什么？厨师还是顾客，和小朋友们一起参加游戏吧，很有意思的。”有了张老师的认可和鼓励，子昂有了信心，也有了“工作”的热情。从那以后，做事情拖拉的现象越来越少，来园的积极性日益提高。以前八点半来园都算早的，到后来七点四十就来了。没过多久，经过自己的不断努力，子昂就得到了自己喜爱的职位，工作做得可卖力了，“顾客”们有口皆碑。子昂原来一些不太好的习惯也从根本上得到了改变。

角色扮演游戏，改变的不仅是聪聪和子昂。这个游戏是汇佳幼儿园老师的一大发明。它在不知不觉中，给了孩子一种趣味的体验，真正意义上做到了寓教于乐。有些面临入园恐惧，害怕与父母分离的孩子，因为角色扮演爱上了幼儿园。

二 高品位，落于微，行于巧

“新型、高品位、国际化”是汇佳的办学理念。那么，何谓高品位？听起来有些玄妙，其实它就落实于一个个关爱幼儿、陪伴幼儿一同成长的细节。它很小，很细微，却四两拨千斤，润物细无声。当孩子觉得老师钻到他心里的时候，他马上就喜欢老师。当一个孩子喜欢你这个老师的时候，他就会爱上幼儿园，他就会在老师的引导下，跟更多的小朋友去敞开心扉，去沟通交流。

一个名叫菡菡的小朋友，2013年来到幼儿园，梳着两个小辫子，眼睛忽闪忽闪，让人一看就打心眼里喜欢。可谁知入园第二天，菡菡一提到妈妈这两个字就哭得跟个小泪人似的，“分离焦虑”十分严重。当班老师也知道了，这是个外表坚强、内心脆弱的孩子。

经过跟妈妈沟通，综合菡菡小朋友的实际情况，老师制定了一个三多政策：多关注、多关心、多反馈。菡菡每天在园里的活动表现，一日三餐的情况，老师都会用心留意，一条一条地记录。日常的关注、关心，重点在于细节，不仅要让妈妈放心，更要让孩子开心。入园第八天的早晨，张老师在园门口迎接，发现菡菡今天穿了

一件新坎肩，就特意夸了一下：“今天的坎肩真漂亮，是妈妈给买的吗？”菡菡点了点头。第二天来的时候，菡菡又换了一件小坎肩，张老师又夸奖了一次。菡菡回家忍不住开心地就把这件事跟妈妈说了。

妈妈告诉她：“张老师在幼儿园就跟妈妈一样，妈妈不在的时候，张老师就是妈妈。”

再见到张老师的时候，小菡菡真的跑过去，喊了一声：“妈妈。”

“妈妈在哪儿？”

“不，妈妈没有来，她说在幼儿园张老师就是妈妈。”

这时，我们张老师知道自己“成功”了。她知道，自己从此与宝宝，就真的成了好朋友了。

帮助孩子解除“分离焦虑”，我们还想了很多很多的办法。如宝宝很喜欢的蘑菇房，是一个独特的小空间，蘑菇的外形很可爱，里面会有宝宝家的全家福照片，宝宝们想爸爸妈妈了，可以到这里看看，以解“思念之苦”。老师们是这样想的，既然“分离焦虑”的根源在于“离家”，那就在幼儿园给宝宝们再造一个家，这样就会帮助宝宝消除与幼儿园的距离感，从而在最短的时间内喜欢上这里。

为了营造更多“家”的氛围，除了蘑菇房这个“硬件设施”，在软件上也不含糊，比如，老师们精心设计的“娃娃家”角色扮演游戏。在游戏中，老师会指定一个小男生当爸爸，一个小女生当妈妈，一个班就组成一个热热闹闹的娃娃家。宝宝们都喜欢这个游戏，无论是在园里还是出去活动，大家都很投入。

此外，要想彻底打消宝宝刚入园时的“分离焦虑”，加强对幼儿园的认知也是很重要的。但认知不是简单地到处看看，不是告诉宝宝各种设施、玩具的用处。这是远远不够的。

有时，汇佳的老师还会深入孩子的家中。只有在家里，孩子才会卸下提防，展露出最真实的那一面。所以，虽然是国际化育儿机构，但汇佳一直秉持“家访”这个古老的传统。旁人表示过奇怪，认为在当今时代这种坚持太稀有了，但我们就是放不下为人师者的使命感和“傻气”，它是让孩子熟悉老师、尽快适应幼儿园生活的最好途径。

上面所说的那些方法让大多数宝宝摆脱了“分离焦虑”，但也有极个别的宝宝有自己独特的“需求”。汇佳新华联锦园，有一个小男孩叫康康，刚入园的时候，他也有点儿抗拒上幼儿园。但有一天，康康在幼儿园里，有了个新发现，他一边尿尿，一边在那儿念，念完后又喊老师：“哎呀！老师，你看这儿有一个POLO！”

孩子这么小就认识英文了？老师过来一看，看到马桶和小便池上印有POLO字样的英文字母，很是惊讶。原来，康康同很多男孩子一样，从小就很喜欢汽车，知道很多汽车品牌的英文名称，包括BENZ（奔驰）、AUDI（奥迪）、NISAN（日产）、TOYOTA（丰田）、JEEP（吉普），等等，每当看到汽车上或其他地方有类似的字母出现，康康总能准确无误地读出来。

对于康康这个“超能力”，老师欣赏极了，并马上在小朋友面前推而广之：“康康真棒，认识这么多汽车的标志，大家给康康鼓掌好不好？”小朋友们纷纷鼓掌，集体点赞。受到表扬后康康心里别提多高兴了。幼儿园为孩子创建了一个轻松快乐的环境。这样的环境和氛围，他愿意天天来。

二　孩子入园，您准备好了吗？

“孩子入园，我们还需要做什么准备吗？”

汇佳是一个大家园。在这个家园里，不乏一些专业级选手，如了解育儿精髓的老师和家长，但也有一些家长，懵懵懂懂。

我们见过这样一位妈妈，自从孩子入园后，她几乎没有怎么出现。她很努力地工作，要给孩子提供好的教育环境，为孩子的未来打拼。可她并不了解自己孩子在幼儿园的表现。孩子做早操的时候放不开手脚，几乎不与其他的小朋友说话，听老师讲课时，小眼睛也经常迷离。

那本是个聪明机灵的男孩儿。我们见过他与姥爷在一起时的情景。每次放学，孩子几乎是欢蹦乱跳地扑向姥爷的怀抱。直到有一天，我们看到那位妈妈时才明白原因：即使与孩子一起，妈妈也在低头看手机，孩子在旁边拽她的衣摆，喊道：妈妈，妈妈……”她说：“ 等会儿，妈妈有重要的事要谈。”

很明显，这位妈妈也爱她的孩子。但她还没有做好完全的准备。孩子要生长，是不可等待也不能逆转的事实，光阴不会为您停留，孩子的生长周期，也不会因您的事务繁忙而有所改变。既然我们已经选择了带这个小生命来到世界，有时就得做出一些取舍，为这个小生命，担当起自己的责任来。

给您“布置”几道预习题吧。它将有效地帮助您和您的宝宝面对刚入园的问题：

1．您可以预先为孩子介绍一下什么是幼儿园生活。告诉宝宝，幼儿园是个可爱的场所，那里会有很多小朋友、玩具和图书，大家可以一起游戏玩耍。这样，宝宝会对幼儿园生起憧憬之情。

2．较早培养孩子的日常习惯。这样，孩子即使到了幼儿园，也可以很好地适应新的生活，具备基本的照顾自己的能力。

3．最关键的一点，也是我们最真挚的邀请，孩子入园之后，请千万不要有“一劳永逸”的想法。假如孩子的成长是一次未知的旅程，入园仅仅意味着买好机票、踏上航班。汇佳为您提供的，不光是一个“寄存”孩子的场所，更是一个教育的平台，学习者社区、家长一对一项目，有助于您更好地了解孩子。我们别无所求，只希望与您一同在育儿的峡谷中穿行。让我们好好爱孩子，孩子是我们的一切。

多元智能与差异化教学

茫茫宇宙中，有一种神奇的生物，

他的名字叫“别人家的孩子”。

他可以九门功课同步学，妈妈再也不用担心他的学习了，

他能考硕士、博士、圣斗士，还能升级黄金、白金和水晶级，

他不看星座，不看漫画，看到电脑就想跑开……

生物琴棋书画样样精通，甚至会刀枪剑戟斧钺钩叉，

这就是感动中国2014——别人家的孩子。

“我的孩子在幼儿园学得怎么样？比别的孩子强不强？”当一些家长急切地询问关于孩子的强弱问题时，他们不知道，已经给孩子带来了一场梦魇。被自己最亲爱的人拿来与邻居家的孩子、班里的同学做简单的横向对比，这是怎样的一种贬损？

用一个统一的评价标准，评价所有孩子的模式，已经不适应人才发展的趋势，也与人的多元智能相背离。

传统的智力理论认为，智力是以语言能力和数理逻辑能力为核心、以整合的方式存在的一种能力，这种能力，可以通过智力测验测试出来。这也是传统教学看重分数以及奥数等测试类学科风行的原因。而美国教育家、心理学家霍华德•

加德纳持有不同的观点，他认为，智力测验的频繁使用，使得人被分成了三六九等，他认为，智力是以组合方式进行的，每个人都是具有多种能力的个体。智力不是一种能力而是一组能力。包括如下七种能力：语言智能、逻辑–数理智能、视觉–空间智能、音乐–韵律智能、身体–运动智能、交往–交流智能、自知–自省智能和自然观察智能、存在智能等。这一理论被称为多元智能理论（Multiple Intelligences）。

现代社会需要各种各样的人才，就要求教育必须促进每个人各种智能的全面发展，让个性得到充分的发展和张扬。各种智能只有领域的不同，而没有优劣之分。多元智能理论呼唤差异化的教学。教育应该满足不同的学生需要。

在汇佳，我们尊重每个幼儿的差异，促进每个幼儿生动活泼地发展。我们认为，每个孩子都有他无尽的潜能，有独属于他的优点。帮助不同的孩子，快乐地生活在这个小小星球上，是我们的最大幸福。

二 南南：让老师当你的耳朵吧

刚入园时，我们的老师就意识到这个孩子不同寻常。孩子妈妈恳切地问道：“老师，我们家南南耳朵不太好，这种情况不影响他入园吧？”

“老师好。”孩子彬彬有礼地说道，声音特别大，远远超过正常的音量。

从南南妈妈的提问里，老师还听出了隐含的忐忑：孩子在这里，能得到足够的照顾并快乐地成长吗？去南南家做家访时，老师进一步了解了南南的情况。孩子的耳朵有先天性问题，妈妈从他5个月的时候就开始给他找启蒙老师，帮他锻炼听力，家居环境也早早地布置得跟幼儿园一样，贴满了苹果葡萄和各种识字图文。

可是，这有什么关系呢？“您放心吧，汇佳欢迎南南！”老师几乎是毫不犹豫地就接受了这个孩子。倍受择园之苦的妈妈，刹那间轻松多了。的确，入园后，小南南非但没受到一丁点儿的歧视与偏见，获得的关注好像更多了，“南南，你真的特别棒”成了方庄园老师们的口头禅。虽说小朋友听不太清，但他的头昂得高高的，小脸神采奕奕。

教师每天都会与家长沟通，孩子有哪些进步，哪些不足，幼儿园都会及时与家长交流分享。家长听到后也高兴至极，用实际行动来配合老师们的工作。

一些孩子因为身体上的问题，会导致心理问题的滋生。可在南南身上，晦暗的印记踪影无存。他从不用大喊大叫的方式，去吸引老师或同学的注意。他得到的爱，足够饱满。南南还成为幼儿园的最佳歌手之一，因为老师似乎“感觉”不到这个孩子存在问题，总是鼓励孩子放声歌唱。当南南引吭高歌时，几乎没有人相信这天籁之音出自一个几乎失聪的孩子口中。

通过细致的观察，老师还挖掘出南南身上的一个特殊才能。一天，正在教室里看书的南南，头也不回地说道：“李老师来了。”

是李老师擦了香水吗？实际上并非如此。莫非南南的鼻子有特异功能？老师们端来各种水果，让南南闭着眼睛闻一闻水果的味道。真是神奇，南南都能准确地说出水果的名字。老师又请南南闻班上的小朋友的味道，南南也几乎没猜错。上帝没有给南南完美的听力，却赐予他超乎常人的嗅觉。老师兴奋地把这个情况告知了家长，并提醒家长以后要珍视孩子这一特长。

一年之后，因为园所装修的问题，一部分孩子面临着分园、再度择园的问题，但南南妈妈选择让孩子留下——“汇佳帮助我的孩子很好地成长，我们决定要继续留在汇佳。”

二彤彤：小木头人的蜕变

这是一个小木头人吗？

彤彤刚进汇佳时，老师的心疼得都揪起来了——坦白说，这样的孩子不多见，她木呆呆的，各方面能力都很一般。这孩子是不是不会说话？或者有其他什么问题？

班主任王老师赶紧联系了家长，妈妈说起了孩子的情况。出生时，由于妈妈生产的时间太长，导致了彤彤脑缺氧，从小各方面发育情况就比较滞后。再加上爸爸妈妈工作忙，带她出去玩的机会也不多，因此孩子时常宅在家里，怕被别人问起，怕被别人看到，这也加深了她心理上的伤痕。

“老师，说实话，这孩子我原来都有点儿想放弃了。把她送到别的幼儿园，又想别的幼儿园肯定接受不了这样一个孩子，所以心情一直特别不好。”彤彤妈妈语气里，有着遮掩不住的灰心。这是身为汇佳教师的王老师所不愿意看到的。孩子有什么问题呢？任何孩子，即使不是很完美，也有她无可复制的一面，可爱的一面。那我们就先从家庭教育开始吧。

打破了妈妈思维的桎梏之后，王老师接下来做的，是给予彤彤完完全全爱的包容。小朋友们都很聪明，能看得出来谁机灵一些，谁不机灵，然后选择与谁玩，不与谁玩。王老师就私下里跟其他小朋友说：“如果其他小朋友不跟你玩，不喜欢你，你是不是会很难过呢？

既然大家都是好朋友，就应该一起玩，对不对？”我们不知道孩子的内心世界藏着怎样神奇的种子。我们只是尝试着，给种子不停地浇水，种下光，种下执著，也种下特别的善意与怜惜。

在这样包容宽厚的环境里，小彤彤有了很大的改变。大家都记得彤彤升入K3的那一天，晨间点名的时候她突然答“到”，老师们感到十分惊喜，所有的付出终于换来了彤彤的改变。对这孩子来说，一声“到”，已是难能可贵的飞越！

王老师还邀请彤彤参加了班里的快乐播报，最开始彤彤有点儿迟疑，她害怕啊。王老师就请彤彤妈妈写好稿子，彤彤不敢说的话，老师帮她来念。无论如何，一定要鼓励她开口说话！“快乐播报”活动从2013年9月份开始举办，几乎每一期都有彤彤的身影。她虽然还做不到像其他小朋友那样流畅，但她已经能与老师、小朋友交流。她哪里还是一个“小木头人”？我们的彤彤，已经化身为一朵盛开的百合花。

彤彤还给了王老师一个大大的惊喜。那是一个4岁孩子终于成长的证明。

一天上课时，彤彤举起了手：“老师，我有话想说。”

“彤彤你想说什么呢？”王老师微微笑道。对这个孩子，她甚至有多于对亲生女儿的包容与宠爱。

小女孩儿站了起来，带着几分羞涩地说道：“王老师，我爱你！”

这是世上最不加雕饰的语言，最干净真挚的童心。它是对汇佳教育无冕的礼赞，也是对尽心育人的老师的最高褒奖。

旭旭：来自星星的你

有的孩子像一颗天上的星星，独自活在自己的世界。他有明亮的眼睛，却拒绝对视；有正常听力，却不理会呼唤；有清脆的嗓音，却不歌唱交谈……旭旭就是这样一颗“来自星星的你”。

刚来到幼儿园的时候，旭旭给老师的印象是：这孩子有些感统失调——他无法和外界交往。不仅不能和小朋友们交往，对老师的提问也“充耳不闻”，自言自语是旭旭的常态。然而，一堂“单脚站立”的户外训练课却让张老师意外地发现，其实旭旭可以做得很好。

张老师清楚地记得，在很多小朋友都坚持不住的时候，旭旭站在那里几乎一动不动，坚持了很久——她决定让旭旭到队伍中间为大家演示一会儿。然而，在展示的过程中，旭旭却显得有些吃力了，开始有些许晃动。这一幕被小朋友们看见，大家开始窃窃私语：“旭旭没有坚持住！”“快看，旭旭动了，旭旭动了！”

汇佳的孩子都很有自己的想法。但是，张老师认为这时自己更应鼓励孩子学会宽容与尊重，看到别人的优点，去欣赏与自己完全不同的人。张老师对小朋友们说：“旭旭在下面的表现确实很不错，刚才他出了一点儿小差错，我们应该去鼓励他，对不对？我们不应该只看到别人的缺点，也要多看到别人的优点，学会欣赏别人，鼓励别人，大家说是不是？”

孩子们似乎听懂了张老师的话，纷纷达成共识，不约而同地为旭旭加油，喝彩声也给了旭旭坚持下去的动力，他从原来站立的标准“二十秒”，坚持到了“三十秒”。同时，旭旭的坚持又再次赢得了孩子们的掌声，形成了良性循环。

张老师说：“中班的孩子就应该逐渐懂得尊重、关心和鼓励他人，擅于发现别人的长处，知道自己的优点与不足。这样的孩子在今后的生活中才能成长得更健康，更快乐！”

实际上，旭旭虽然做不到像其他小朋友一样与人欢快地交流，却有一个很明显的优点：识字多、爱看书。汇佳幼儿园每天都有固定的时间让孩子们自己做“新闻播报”。张老师发现，旭旭的播报总能为大家带来很多有趣的新闻，比如：“守株待兔”、“好东西要和大家分享”等，孩子们也都很喜欢听旭旭的新闻播报。

在旭旭的故事中，我们发现，这个孩子的小脑袋其实装满了“思考”，旭旭虽然话不多，但他却善于观察，懂得思考，是个十分懂事的小朋友。比如，旭旭播报的“好东西要和大家分享”，说的就是他和爸爸的故事：有一次，姥爷切了很多块西瓜，旭旭没有给爸爸吃，因为爸爸平时爱和车管员吵架，开车时也不爱与大家分享音乐，所以这次的西瓜，旭旭就决定不给爸爸分享了。旭旭通过分享自己的故事，给自己和小朋友都上了一堂生动的课。

其实，旭旭每天都在成长着。只是由于天天见面，大家的感受并不鲜明。一天的画画课上，张老师更领悟到：旭旭虽然与小朋友交流很少，但他内心十分渴望友谊。

这一天，张老师为孩子们带来的是“找朋友”的游戏。老师引导孩子们观察好朋友之间拉手的姿势，然后把自己和小朋友的手画下来。不一会儿，很多小朋友们都画出了自己与好朋友一起玩耍的情态：有的画了两个人牵着手，有的画了三个人牵着手……这时，老师有些担心旭旭了：旭旭和其他小朋友交往得少，他会不会画不出？老师很怕旭旭会尴尬或难过，于是走到旭旭面前，看他进展得如何。

果然，旭旭的纸上还是一片空白。老师问：“旭旭，你的好朋友是谁呢？”旭旭低着头，不说话。可没想到，老师与旭旭的交谈引起了旁边小朋友的注意，大家一齐凑了上来。朱老师顺势对孩子们说道：“你们谁是旭旭的好朋友呀？”话音刚落，小朋友们争先恐后地举起了手，争着当旭旭的好朋友。他们的脸上充满了童真与快乐，没有丝毫的迟疑。

很快，旭旭的画作也顺利完成了。老师拿起一看，心都被点亮了：旭旭的作品上，一共画了15个小人，大家互相牵着手，宛若一家人。旭旭说：“这就是……是刚才所有过来的小朋友。”他的表达，还是有一些模糊不清和迟缓，但老师却彻彻底底被感动了：孩子们的世界原来是这么纯粹。他们之间不会彼此孤立，他们那么快乐、包容地拥抱着整个世界！对于孩子们而言，友谊就是“只要你愿意伸出手，我就愿意去牵你的手”！

二点点：小神童的烦恼

汇佳是小小星辰荟萃之地。点点就是其中一位。这个小男孩属于传统意义上的神童，所有的课程他一点即通，领悟能力超强。不过我们知道，聪明的孩子，总会有一些异于常人的地方，造物主在造就这些孩子的时候总是那么不专心，似乎是故意要开个小玩笑。

比如在跟其他小朋友的交流方面，点点喜欢动手，这可能是这个阶段男孩子的一个特点。但幼儿园不是一个施展拳脚的地方。点点也无法忍受自己碰到挫折，一旦自己输了，就特别沮丧。别的小朋友早就会自己穿衣和吃饭了，点点还习惯让老师穿衣服、喂饭，如果没人帮他穿，他宁可在床上坐着不动也不会自己穿，即使是冬天也如此。

所有的肉类食物点点一口都不吃，俨然一个“素食主义者”，可这么小的孩子正处在长身体的时候，一味的素食会很容易出现营养失衡的现象。诸如此类的习惯，让点点成了一个局外之人。

这里是汇佳，有问题怎么办？解决！

对动手打人这个问题，老师采取的策略是慢慢引导，这不是一朝一夕可以改变的事情。老师经常跟点点说：“点点，你是奥特曼吗？小朋友是怪兽吗？”点点说，不是。“那我们一起保护地球吧。不要打了好不好。”点点说，好。老师也明白，虽然点点口头上答应了，但他心理的节奏还没有跟上来。孩子的潜意识里，打人不是他的真正目的，他的真正目的是想引起其他人的关注。

所以，老师因材施教，在课堂上就会多制造一些机会让点点“表现表现”，如多提几个问题让点点发言，时不时地“麻烦”点点做点事，搬个凳子或拿个东西。这些力所能及的事，点点很乐意去做，还觉得老师是关注自己的，原来的“抵触”情绪慢慢瓦解。

关于点点的自理能力，老师与家长做了充分的沟通。点点的妈妈是个通情达理的人，一说就意识到了这些问题。她说，因为自己和爸爸比较忙，家里的老人过于溺爱孩子了，日常生活当中确实是包办得太严重了。最后与老师达成了共识：家里支持园里的工作，而且是尽全力。不仅仅是孩子的自理能力，包括说话方式、生活小习惯上也不能再给孩子不好的示范和影响了。所谓细节决定成败，对孩子尤其是如此。比如孩子一回到家，不能张嘴就问“有没有人欺负你”“吃饱了没有”等这些明显带有溺爱成分的话语，应该多问一些“在学校是否交了一个好朋友”“今天有没有帮助别的小朋友”等问题。只有在这些正能量的指引下，孩子才能一步步地完善自己。

抗挫折、抗打击能力也是一个需要慢慢引导和历练的过程。园里有围棋和象棋，老师就有意识地让点点多跟小朋友下棋。下棋当然有输有赢，开始的时候，遇到强大的对手把自己打败了，点点心里分外不高兴，但时间一长他就把这些看淡了。他慢慢明白：别的小朋友之所以能赢自己，是因为人家棋艺高，生气是没用的，应该学习对方的长处，努力提高自己才对。

经过多管齐下、潜移默化的影响，一年之后，我们终于在点点身上看到了令人惊喜的变化。现在的点点在生活自理能力上完全没问题了，有时爸爸来接他晚了一点儿，点点就说："爸爸，明天还不用来得太早，我还可以跟老师再聊会天。"

点点和小朋友们也亲密了许多。他最爱与小朋友聊些天文物理这样的"高精尖"话题，小朋友听着觉得很神奇。

还有一次，老师出去开会，回来后点点就问："老师你去哪里了？没看到你，我都想你了。"点点能说出这样温馨的话，要是在以前是不敢想象的，可他那黑亮亮的眼睛，真诚的语气，又让人无法怀疑。

欢迎"归来"，小点点！

二 轩轩为什么爱咬人？

"你好，张先生吧？你家轩轩今天又把小朋友给咬了。"

因为咬人，轩轩在我们汇佳出了名。说起他咬人的情景，幼儿园的王老师显得心情沉重。"当时，轩轩就为了一点儿小事儿和同学发生了摩擦，谁知处在'下风'的轩轩竟抱住对方，突然用力地咬住人家的手。好不容易将两人分开后才发现，那个小朋友的手已经流出鲜血。”

得知儿子咬伤小朋友的消息后，轩轩的爸爸急忙赶到了幼儿园。但接下来的一幕着实让王老师惊讶不已，这才让她明白了为什么轩轩这么爱咬人。轩轩看到爸爸来了，一点儿也没有认错的意思，反倒是一头扎进了爸爸怀里撒娇，还嚷着“买好东西”。轩轩的异常举动引起了老师的注意，轩轩爸爸立刻解释说：“轩轩在家里也经常咬伤邻居家的小孩，我们做家长的也只有提着水果去道歉了。好在邻居大度，没有责怪过轩轩。”

轩轩到底为什么这么爱咬人？王老师将教学经验丰富的梁老师请了过来，一同给轩轩想办法。梁老师果然有办法，在第一次见到轩轩后，就发现了轩轩咬人的秘密！“其实轩轩咬人的原因主要有两个，一个是他的语言发展欠缺，还有一个是与他口唇敏感期没有得到良好的过渡有关。”梁老师说。

和轩轩接触过的人都有一个印象，轩轩说话不清楚，有的时候还得靠旁边人猜，比如说“好”，轩轩就会说成“搞”。根据多年的幼教经验，梁老师心里很清楚，语言发展迟缓的孩子，往往不懂得如何与人交往，在情急之下就容易咬人。

梁老师当即就给轩轩上了一堂特殊的课。课上，梁老师反复教给轩轩一些情感表达用语，比如“你好”、“不要”、“不喜欢”等等。除此之外，梁老师还结合了一些英文一起教给轩轩，增加轩轩的学习兴趣。不多久，轩轩就把这些词用得很熟练。没事时，还总喜欢自己模拟场景，把学会的词语用上几遍。尤其是在和小伙伴发生争执的时候，轩轩更喜欢去“秀”上几个学会的新词！而咬人的事儿就忘在脑后了！

为了以防万一，梁老师还给轩轩准备了很多水果让他啃咬。这是为什么呢？这就源于轩轩咬人的第二个原因了——口唇敏感期没有顺利过渡。如果孩子在此期间没有得到充分的满足，孩子就会通过“咬人”等方式来缓解内心的压力！

事实上，像轩轩这样年纪的孩子，咬人这种情形是非常普遍的，他们并没有什么特定的恶意，只是在成长的过程中遇上了一些麻烦。对待孩子咬人，我们既不能姑息溺爱，也不能吓唬制止。溺爱会让孩子形成错误的价值观，而呵斥则会让孩子觉得我们不尊重他。

我们要承认，咬人是孩子成长的一个阶段，我们要尊重他的个体差异，也要尊重他的心理需求。当孩子做出一些失常行为的时候，作为老师和家长，我们更要给予他们关心和引导，尽量用巧妙而有趣的方法，对症下药。

二 大欢为什么偷牙刷？

“奇怪，怎么少了支牙刷？” K3班的老师很纳闷，怎么找也找不到，只好再添一支新牙刷作罢。可是不料，第二天“怪事”又“重演”了：班里又少了一支牙刷。这回，老师们齐心协力誓要把牙刷“捉拿归案”。经过一番查找，老师们惊呆了：牙刷竟被“藏”在地漏里面了。到底是谁，居然能干出这么让人哭笑不得又极富创意的事？——老师们想起了大欢。

大欢是不久前转来的一位新同学。大欢爸爸也是经过了多方比较，才放心把孩子交给了汇佳。通过交流，他感到这里的老师有经验也更有爱心。

进了园，老师们发现，这的确是个调皮、好动的孩子。稍闲一会儿，他就拿起水壶给花浇水，浇到花盆里的水都溢了出来；进餐的时候，看到有十几个小馒头老师还没有发完，他就索性把剩余的小馒头一股脑儿都扔进了垃圾筐里……而这次“偷”牙刷的“小鬼”，不出所料也正是大欢。像这样的小麻烦层出不穷，老师们怎么办？

老师在第一时间与家长取得联系，及时把孩子在幼儿园里的表现一五一十地传达给父母。对于大欢在园内的表现，家长很是理解。爸爸说：“大欢在家也是这样。上次给他倒了杯水，想让他喝。可是一转脸，这孩子就把自己的袜子给塞杯子里去了，还真让人头疼。”

可老师告诉家长，对孩子急不得。大欢这样做，肯定不是想故意去搞破坏，万万不可上升到道德品质的层面，像是处理成年人的偷窃行为那样。我们要从孩子的年龄特点入手，给予他充分的理解和尊重。简单来说，大欢就是思维太活跃了，那个天性使然的好奇心在“作怪”。原本这是件好事，但总是“天真”地想做什么就做什么，甚至经常随心所欲干出一些“违规”的事，就不好了。

那么，怎样对待这类思维特别活跃的儿童？

第一步，巧妙地讲述“违规”的后果——牙刷藏在地漏里它就脏了，也不能用了。不能刷牙，小虫子就会趁半夜跑进嘴里把牙齿腐蚀了。怎么办呢？提出问题，让大欢自己去思索。

第二步，安排大欢与其他的小朋友多接触，用别人的规矩，熏陶一下大欢！让大欢看看浇多少水，小花最“高兴”。老师会把剩余的小馒头收藏在哪儿，以节约粮食……

没过多久，大伙儿都发觉大欢的进步特别明显。从“捣蛋王”到“乖乖宝”，他并没有丧失探索玩闹的热情。只不过他明白了，什么时候应该“放得开”，什么时候需要“收得住”。

把握好不同孩子的性情与特点，一面保护着最美丽的好奇心和探索欲，一面引导他们在集体生活中懂规矩、守纪律，不为难也不强求，让孩子在两者之间不断寻求自主与平衡发展。

汇佳习惯：由内而外的养成

一 换帽子戏法：建构宝宝思维新模型

爱因斯坦说过：“什么是教育?当你把你受过的教育都忘记了，剩下的就是教育。”大数据时代，知识滚滚而来，这就对教育者提出了更高的要求，教育教什么？还是教知识点？不，而是教素质和习惯，知识点很容易被刷新，素质和习惯却难以消除。它如同携带在人身上的基因密码，会在不经意间“出卖”你。好的习惯如深山之藏美玉，平时不显山露水，关键时期将发挥莫大的效能。

“三岁定终身”，基础教育的核心实际上是习惯的养成。这一阶段，我们着重培养宝宝的思维习惯、创新的习惯、探究的习惯、阅读的习惯、写作的习惯、独立解决问题的习惯、冒险的习惯、运动的习惯、卫生的习惯……但与传统教学不同，汇佳不是通过外在的规定，而是遵循孩子身心成长的特点，由内而外地，生成孩子的各项习惯。

如“换帽子”戏法。一种新鲜有趣的形式，完成的是对当代儿童思维模式的全新建构。游戏开始时，我们给宝宝戴上一顶红帽子，请宝宝代表“红方”发言。这一轮辩论完毕后，马上请宝宝戴上黄帽子，告诉他，“现在你的角色变了，代表黄方发言”。不同的颜色代表不同的立场，宝宝得随时更换立场、辩词、组织内容侃侃而谈。他可能还要戴上蓝色的帽子、棕色的帽子，各种不同颜色的帽子，再进行下一回合的游戏。

同样一个人，帽子变了，他的立场和言论，就完全变了。奇怪吗？一点儿也不。这才符合社会真实。一个人在社会上本来就要随时扮演不同角色，当你在公司带领员工为项目攻关时，你是老板；当你走进商场、餐厅时，你是消费者；当你在电脑前浏览网页时，你可能是普通的网民；而当你回到你的办公室时，你可能是要决定一方政策的官员……在不同的角色里，各有各的优势，也各有各的出发点。

“换帽子”戏法实则训练的就是宝宝多角度思维的习惯。当宝宝的大脑里，建构起这样的思维模型后，他就会慢慢养成看问题多维度不刻板不偏执的习惯。解决起问题来也就会想到更多的方法，不会“钻牛角尖”。

在这个游戏中，孩子们扮演不同的角色，他的长处与短处也许随着角度不同，是不一样的。这也给了我们一个新的层面的启示：但当我们不对谁长谁短做出评价时，人人都从中受益。这个启示进一步帮助孩子完成自我建构。强弱的判定因为什么？是一种标准。但如果我们不定标准呢？其实就不存在谁“强”谁“弱”的问题了。

一旦孩子的认识，达到这种层次，懂得了尊重个体差异，那么他就能对自己和他人的所谓“优劣”做出公允而不偏颇的评价，他的胸襟一定是开放的、海纳百川的，他的人生也会非常开阔而积极。

对宝宝思维习惯的训练，能力的培养，是贯彻于汇佳教学始终的。在课堂上，老师会传授一些基本的原理，但“原理的传授”只占课堂教学的20%，之后便是带着孩子一块儿做课题研究的过程。孩子之前所学的所有知识点，都会在“探究”的过程中，被反复地运用。一个主题可能持续一个月，在此阶段中，孩子语言能力、辩论能力、提出问题的能力、解决问题的能力、说服别人的能力……不断地得到训练。

所有的课题研究，都以小组合作的方式完成。慢慢地，孩子们的不同特点会逐渐显现出来：有些孩子的逻辑思维强一些，有些孩子的形象思维强一些，但在小组合作中，每个人的角色都不可或缺，每个人都发挥了自己的作用。

这就再次完成了对现实生活的绝好“模拟”。人生活于社会，就是生活于某种“结构”、某种“框架”中。有人适合扮演柱子，也有人适合扮演房梁。做最好的自己，就是找到自己最适合的角色，同时对这个建筑物的其他部位起到支撑作用。

关于“探究课程”、“主题式教学”的奇妙之处，下文中我还会向您继续“揭秘”。此处先保留一点儿小小的“悬疑”。在汇佳，我们一年中通过十个主题反复训练孩子的思维习惯。大量的教学实践显示，这是一个建构宝宝思维模型、提高宝宝思维能力几近完美的方案。

二 宝宝，尿裤子不是你的错

对初入园的孩子而言，生活习惯的养成，也十分重要。宝宝在陌生的环境往往会出现许多很多意想不到的状况，发生在小雨身上的“事件”就让老师伤透了脑筋。

小雨每天都会尿湿四五条裤子。老师也经常跟她说，小雨，下次想尿的时候提前跟老师说好不好，把裤子尿湿了穿着多不舒服。小雨答应归答应，但还是照尿不误。

这个年龄的孩子，应该有一定的肌肉控制能力和条件反射。为这事老师跟小雨的妈妈沟通了多次。妈妈也说她在家有尿裤子的现象，但不会这么频繁。老师知道了，小雨这是刚到幼儿园，心里可能有紧张不安的情绪，这些不好的情绪会让她控制不住自己。

情况好像变得更糟糕。一天，小雨尿裤子后，老师就把她带到卫生间，谁知小雨做出了一个奇怪的行为，她走到靠墙的暖气旁边，站在那儿不动，好像是自己在罚自己的站。孩子是怎么了？是不是因为尿裤子的事在自责？可园里所有的老师都没有因为尿裤子的事批评过她。

放学时老师就又为这事跟妈妈沟通，问孩子在家的时候是不是受到批评了。妈妈说可能是家里的老人爷爷奶奶对孩子说什么了。因为妈妈白天上班就很累了，回来后还要洗一堆小雨换下来的衣服，心里难免会有一些不开心，要发些牢骚。爷爷奶奶就跟小雨说一些关于不要尿裤子的事，一不小心就给孩子的心里带来了压力。

园里老师有了思路。要想从根本上解决小雨的问题，首要是让她放下心里的包袱。老师想出了一个办法。自己去卫生间，把衣服淋湿了一块，然后告诉小雨，你看，老师也尿裤子了，等给你换完衣服老师也得去换。

小雨忍不住偷偷地乐，原来老师也会尿裤子。放学的时候，老师就把这个办法告诉了妈妈，让妈妈回到家也可以这么表演一下。

一次、两次、三次之后……效果终于显现。这一天，小雨突然告诉老师她想上厕所了。老师一摸她的裤子还是干的，这意味着小雨控制情绪与膀胱肌肉能力的增强。此后，在老师的鼓励下，小雨尿裤子的次数越来越少。孩子开心了，她不再觉得自己跟别的小朋友不一样。

孩子的生长发育，很多时候与我们想象中的节奏并不吻合。心急的父母，会比较焦虑，但我们要知道，每个小生命的发育状况不尽相同，父母与老师应该像技术高明的医生，珠联璧合，有的放矢，帮宝宝解决那让人尴尬的难题……

三 餐前一首歌，餐桌一枝花

“我们爱面包，我们爱奶酪，更重要的是我们彼此相爱。”

每到餐前，你总会听到老师带领孩子们发出这样别具匠心的“进餐语”——这是在汇佳幼儿园的独特场景，也是汇佳的一大传统。在这里，会播放舒缓的轻音乐，促进孩子的胃肠蠕动；也会在餐桌上摆放一支美丽的花，营造如家般的温馨氛围。

为什么要在用餐前讲进餐语呢？一来可以避免等待的时间，二来，希望培养一颗感恩的心。不管是说“我们爱包子”，还是“我们爱面条”，重要的是“我们彼此相爱”。

“谁言寸草心，报得三春晖”——或许幼小的孩子还很难懂得一些成语和大道理，也许很多传统的感恩之辞在现代文明的社会已经有些陌生了，但我们希望从点滴话语中，让娃娃们从小体悟到这种语言润泽于心的魅力。

听乐、赏花，在这种轻松愉悦的气氛中，小朋友们开始享受美餐。往往在这个过程中，会由两位老师负责看管，配发碗筷，添加饭菜。大一点儿的孩子可以自己去添菜，小一点儿的孩子一举手，老师就过来了。为了帮助孩子们养成优雅的礼仪习惯，老师们也会随时提醒小朋友：小嘴巴要接着碗啊，一手扶盘子，一手拿勺子……如此来纠正不良的用餐姿势。

汇佳认为，专业化体现在每一个细微之处，而饮食卫生与安全也是幼儿园必须关注的重心之所在。在用餐前餐桌要经过清水、消毒液反复擦拭；用餐时桌上必备纸巾、残渣盘以及两块抹布，白颜色用于擦手，蓝颜色用于擦桌子，还有小值日生来监督。至于如何擦嘴、擦手，老师都会耐心地教授方法。

宝宝吃饭慢，在家中可是个大难题。而在汇佳幼儿园，这里有高招。用餐的环境，关系着孩子们用餐的心情。老师们会注意，在吃饭时不处理孩子的行为问题。若是饭前孩子之间有拌嘴、吵架，以及小小的推搡，老师绝不会在这时解决，因为由批评引发的不良情绪是幼儿饮食的大忌。与此同时，对于饭菜，老师们始终秉承着少盛多添的原则，由此来消除孩子视觉上的恐惧感。特别是对于习惯进食慢，以及最后一个端上饭碗的孩子，为了增强信心，缩小他与其他孩子之间的差距，老师更不会把饭盛得太满。

古人说：“食不言寝不语。”可是吃饭的时候真的一句话也不能多说？一粒米也不许剩下？试想一下，恐怕大人也很难始终做到这样完美。所以，连大人都做不到的事怎能对孩子刻意强求呢？

当然，必须教育孩子，浪费粮食是不对的。但如果强迫他们，反而不利于肠胃消化以及保持良好情绪，甚至产生逆反心理。“好吃吗？”“好吃。”只要不是特别打扰，可以让孩子们说一说，允许这样轻声的交谈，也不会显得进餐过程太过死板。

进餐结束，孩子们先是进入盥洗室洗漱，然后可以在区域里看看书，做些安静的游戏。如果天气好，老师一定会带上孩子们走到户外，伴着读儿歌、念古诗的朗朗书声，沐浴着和煦的阳光闲庭信步。闲适舒活一番，孩子们也开始困意绵绵，紧接着就进入午休时间。

在汇佳，还有一个惯例，对每个学生而言都很有意义——每周一的汇报奖状。最先是由老师写，把孩子们的优秀事迹写在奖状上，后来变成由家长写，把孩子在家中的好表现写到奖状里。别看一张小小的奖状，无意中就能激发孩子做好事的兴趣。家长们也惊奇地发现，自己的孩子更愿意在家主动做力所能及的家务了。

与家长相互激励，共同促进，培养健康的作息习惯、文明的礼仪行为，引领幼儿去享受美食、体味美好、感受生活，汇佳在追求每一处的点滴细节，而这也是用心做教育的品质所在。

1	
2	3
4	5
6	

1. 妈妈，加油！
2. 我想要一个Apple
3. 瞧我们听得多认真
4. 激发你的好奇心
5. 幼儿园里真快乐
6. 我们今天的收获

成长可以更精彩！
Best growth Best future

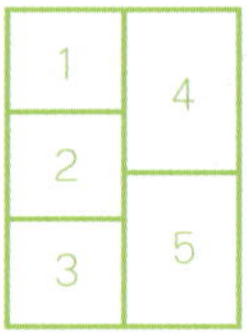

1.我们一起庆祝汇佳幼儿园妈妈十五周岁生日
伍魅　6岁　汇佳上第摩码幼儿园
2.环保行　常楚含　5岁　汇佳幼儿园
3.我爱地球妈妈
陶子馨　5岁　汇佳春融苑幼儿园
4.我们身处什么时空
朱崇武　6岁　汇佳咏江苑幼儿园
5.滑滑轮
缪乐萱　4岁　汇佳上地摩码二园

第三章 无游戏，不童年

一家日本幼儿园的办学实践，曾被国内的教育机构热议过：

这家日本幼儿园，似乎完全不重视孩子们的知识教育。幼儿园里没有数学、英语课本，只有每月一册的绘本。学校教什么？教孩子学会笑和说感谢。

而一位美国老师，也分享过她认为4岁的孩子应该享有的童年：

她应该知道怎么笑，怎么闹，怎么搞怪和发挥想象力。她应该知道即使把天空画成橙色，给猫画上6条腿都没有问题。

她应该知道自己的兴趣并被鼓励发展它们。如果她对学习数学不太感兴趣，那么她的父母应该意识到，她在不久的将来也能学会，何不让她就沉浸在火箭船、绘画、恐龙和玩泥巴的世界里呢。

她应该知道这个世界是多么的神奇，她也是。她应该知道她是多么的美好、灿烂、充满创造力、热爱生活、富有同情心的。她应该知道花一整天在户外做花环、做泥饼和搭童话屋比练习拼写要更值得。

……

这也是我深为认同的童年。孩子的天性是什么？是玩。孩子的最大特权是什么？是游戏。童年是什么？几岁前能认识几千汉字，或背诵某某词典，能进行复杂的计算等现象？少年天才就是未来的成功者？不尽然。

它应该是一次如同《飞屋环球记》一般有趣的旅程。这一路上，他们会邂逅火龙、雪山、百花、妖兽，繁花满谷，彩云飘飞。孩子尖叫着，兴奋着，快乐地度过这段旅程。

这就回到教育本真的课题：幼儿教育的目标是什么？汇佳的答案只有一个：让孩子，成为孩子。

小鸡面对蛋壳的挤压，不得不破壳而出的成长，多么被动啊。而发自内心地愿意为之探究的过程，才是孩子们真正想要的成长。

在汇佳的城堡里，我和我的老师们每天忙碌的事情，就是为孩子们设计一道道“游戏大餐”。所有的课程、评估体系、教学方法，都遵循孩子的真实特点，做了深刻而生动的变革。

并非反对学习，而是所有的学习，都应伴随愉悦的体验。

并非反对知识的增长，而是知识的增长，应该与创造力、创新精神相应而生。

让孩子在人物两相忘的游戏状态中，迎来发展最快的童年阶段，是汇佳国际化教育的核心与特色。

以精炼的价值体系，让孩子在成长的过程中，完成自我建构，是汇佳国际教育的目标。

这份生命本真的体验，将伴随并祝福孩子的一生……

游戏：儿童开启世界之钥

二 “大风吹”蕴含的哲学

——“大风吹啊。”

——“吹向谁？”

——“吹豆豆，吹欣欣，吹浩浩……”

在汇佳新华联园，“大风吹”的游戏是孩子心中的明星节目。游戏的规则是：老师念出“大风吹”的信号，并告知孩子风儿应该吹向谁。名字被念到的孩子，在前面使劲儿跑起来，后面的小朋友奋力追赶。谁第一个触碰到这个小朋友，就是“大风”。而被追上的小朋友，就比较惨了——“他生病了”。接下来，“大风”要负责医治、照顾“生病”的小朋友，直到他康复为止。

“大风吹”游戏是针对缺乏安全感的孩子而特别设计的。在追逐、触摸的过程中，一方面锻炼了孩子们躲闪、奔跑的能力，另一方面，两个孩子也通过肢体的接触建立了感情，许多缺乏安全感的孩子会就此敞开心扉，接纳别的小朋友。

在汇佳幼儿园，有这样两位小朋友，豆豆和大喜子。他们性格很像，都属于安全感极度缺乏的孩子，老师经常安排他们做“大风吹”的游戏，时间一长，两个人之间要好到难分难舍。

一次在户外玩滑梯的时候，豆豆和大喜子不知道怎么分开了。大喜子急得哭了起来，一边哭一边喊妈妈：“妈妈你在哪儿？妈妈你快来呀！”

老师一听就慌了神，以为他真的想妈妈了。谁知道，他是在找豆豆。很明显，大喜子通过“大风吹”，已经充分认可了豆豆，相互之间建立了深厚的感情，甚至产生了依恋。一个在成年人看来极其简单的游戏，竟然能给孩子们带来如此大的影响和改变。

跟“大风吹”类似，炒黄豆也是一个有趣的游戏，两个小朋友一起手牵着手，念叨着“炒炒炒黄豆，炒完了黄豆翻跟头”，然后两个人一起钻，背对背再炒，再翻过来。

这个游戏的初衷，也是为了让小朋友走出自己的小世界，产生互动，但与大风吹的微妙区别是，炒黄豆不是一群人一起奔跑，而是一对一对找朋友。这一对小朋友炒完之后，要迅速找到另一对，炒绿豆、炒红豆、炒青豆。那些“孤独”的小朋友就无处可逃。他只能走出自己，寻找玩伴。否则，就落了单。

“大风吹”、“炒黄豆”，简单的游戏中，蕴含着幼儿心理成长与人际交往的深刻哲学。小朋友的成长过程，就是自我建构不断形成的过程。在建构完成之前，有些小朋友害怕走出自己，对陌生的世界茫然、恐惧、抵触。如小白就是这样一个很有个性的小朋友，玩“大风吹”的时候，很反感别人触碰他，甚至认为那是别人在欺负自己。因为“炒黄豆”这个游戏，小白才懂得了拥有朋友的乐趣。

游戏开始时，其他小朋友都欢乐地投入进去，只有小白无动于衷。独自玩了半天，眼看着别的小朋友们都热热闹闹的，小白果然坚持不住了。他只能硬着头皮走到老师跟前，让老师跟他一起玩。

老师告诉他：“老师不能跟你一起玩，老师得发口令，你得和大家一起玩。你看那边有两个小朋友玩累了，你找他们商量一下，看他们愿不愿意跟你一起玩。”

小白很不情愿地走过去，直到那个小朋友主动拉他的手，他才“被动”地接受。但玩了没一会儿，小白就和小朋友一起开心地笑起来了！

小白何尝不是渴望玩伴的孩子？只是入园之前长期跟爷爷奶奶生活，缺少父母陪伴的经历，养成了他孤独的性情。

孩子间的秩序感与友好关系的建立，其实对他们的身心发育大有裨益。通过游戏，孩子在集体里找到了归属感。如果他能感觉大多数小朋友都很喜欢他，能接纳他，他就会拥有一个舒心愉悦的童年。但如果答案是相反的，他发觉小朋友们不亲近他，排斥他，他也会抗拒集体。这种心理，如不及时加以疏导，会影响他的一生。

二 “叠衣服歌”培养的习惯

孩子特别喜爱的游戏，还有蒙瞎游戏。这个游戏，能训练孩子对声音的辨别，对他人特征的记忆，他们玩起来简直乐此不疲。

老师们自创的儿歌，也很受孩子们欢迎。空洞的说教，孩子根本不会接受。但要是换成儿歌，他们就欣然接受。

代表作品之一：“叠衣服歌”。

对于成年人来说，叠衣服是件信手拈来的事，但对刚入园的孩子们来说，技术含量就高了。让他们掌握那一套程序，是个难题。

老师们独创了一套儿歌，“见面握握手抱一抱，点点头弯弯腰，衣服就叠好”。握握手就是用手先把袖子抻直，抱一抱就是把衣服的两个袖筒放到胸前，点点头就是把帽子翻到前面来，盖到袖筒上。弯弯腰就是从腰部的位置折一下，衣服就叠好了。简简单单几句就把叠衣服的方法融入了进去，就连带帽衫也能叠好！

边说儿歌边叠衣服是件有趣的事，好多孩子叠着叠着就上瘾了，一发不可收拾，叠完了自己的再叠别人的，回到家把爸爸妈妈爷爷奶奶的衣服全部再叠一遍，真是乐此不疲。

自创儿歌能帮助孩子形成良好的生活习惯。跟平常一样，佳佳的妈妈有一天下班晚一点儿，打开家门一看，她愣了一下，以为自己走到别人家了。以往的脏乱差不见了，地板刚被擦过，乱七八糟的玩具也被收拾得很整齐，看不到一件乱扔乱放的衣服。打开衣柜，所有的衣服都叠放好了。妈妈很奇怪，这是怎么回事呢？找来爸爸一问才知道，原来是佳佳的杰作。妈妈都不敢相信，才刚送到汇佳几个月的时间，佳佳的变化也太大了。

一方面致力于让孩子享有幸福的、无拘无束的童年，另一方面，汇佳也会把生活中的道理一点一点地融入到拟人化的情景里面，让孩子们自己在开心中获得本领。

代表作品之二：拉拉链，插铁轨。

这是一个小火车爬坡的游戏，前面没有路，在练习拉链的时候，拉链头摇身变成小火车，拉链就成了小铁轨，小朋友在玩的时候必须

在前面把铁轨插好，这样小火车才能顺利前进。这是老师根据拉拉链的动作专门设计的，小朋友们一边玩一边学习拉衣服上的拉链，游戏玩得很开心，也学会了拉拉链。

最初，孩子们去喝水时，是没有章法的。老师就跟孩子们说，男孩排一队，女孩排一队，拉小火车。孩子们觉得好玩，拿杯子时再也不会无序。别小瞧这些不起眼的小习惯，它们慢慢培养了孩子的规则意识。

玩滑梯时，老师会带领大家做一个角色扮演游戏。游戏里，有售票员，有检票员。小朋友们排好队买好票，再经过检票员，最后上滑梯，从滑梯滑下时，就到站了。

在游戏之前，老师会提前把坐火车的一些规则向孩子讲明。还会把整个过程都录下来，游戏结束后让孩子们看，并相互评价。如果发现不遵守规则的现象大家都会指出来，等下次再玩的时候，大家会相互监督。

二 “送河豚”激发的潜能

在幼儿园里，游戏环节几乎无处不在。游戏是一种方法，游戏是一种意识，游戏也是一个习惯。老师清楚自己的角色，不是游戏的主导者，而是一个启发者、组织者。她们明白自己更重要的使命，是有创造力地引导孩子发挥自主探索意识，培养创造力和想象力。

一天，在组织孩子们去户外参加跑步锻炼时，由于孩子们刚刚进行完对河豚的主题探究活动，对河豚的兴趣依然十分浓厚。于是，老师依据现在进行的主题活动，设计了一个关于送“河豚”回家的比赛游戏（“河豚”以孩子身边的物品，灵活代替）：

“孩子们，大家能不能动脑筋自己想想办法，把‘河豚’送回家？你要用的办法，不能和别的小朋友相同哦。”

于是，一场精彩纷呈、让人惊喜的比赛开始了：有的小朋友，把“河豚”夹在胳膊下运回去；有的把“河豚”顶在头上或夹在两腿之间送回去。越到后期，由于“不能重复的规定”，难度越大。

可是，孩子们越来越兴奋，他们的新点子层出不穷。有的孩子直接把“河豚”叼回家，有的把“河豚”放在背上弯腰爬过去，有的把“河豚”藏进了衣服里……

一次活动，可以看出孩子们的能量无穷无尽，仿佛泉眼，仿佛岩浆。只要肯挖掘，不知道还会有多少清泉滴翠，岩浆喷涌。

而另一次滚轮胎的活动，同样让我们看到孩子们的潜力。那是一次“意外”，无心插柳柳成荫的结果。本来，老师已经为孩子准备了很好的游戏，可是看到操场上散落的五颜六色的轮胎，老师忽然有了新的触动。

“孩子们，我们现在开始一个关于收集轮胎的游戏吧。”

孩子们再一次展现了他们的能量。他们分成了几组去拿轮胎，并发现，与其几个人抬着轮胎走，不如一个人滚着走方便。当孩子把轮胎摞在一起时又发现，第一个、第二个轮胎很容易就摞起来。而第三个、第四个单凭一个人的力量不够。到第五个的时候，就更加困难了，需要分工协作才能完成……在大家的努力下，散落在操场的轮胎，被摞得齐齐整整，高度远远高于孩子们的身高。

同样一个简单的游戏，孩子们在其间迸发的创意，让我们这些成年人都自愧不如。如我们只是递给孩子几根跳绳，他们就衍生出N种玩法，如双脚跳、编花跳、间隔跳，跳绳还可以摆出复杂的图案，供小朋友们玩匍匐前进或练习跨栏……

“世界在游戏中向儿童展现。儿童的创造性才能在游戏中显示。没有游戏，就没有、也不可能有完满的智力发展。游戏犹如一扇巨大而明亮的窗子，有关周围世界的观念湍流通过这扇窗子注入孩子的心田。”苏联教育学家霍姆林斯基说。

下一次，当孩子请求：爸爸妈妈，我们一起来玩一场“转盘游戏”，请不要再认为是“小儿科”而拒之门外。以下的回答，才符合您的睿智与大将风度：“从哪里开始呢，宝贝？亚马逊丛林还是克里姆林宫？”

有一种乐趣，叫“主题探究”

一 探究课程：带孩子通往奇妙的星星海

我们是谁（Who we are）

我们处于什么时空（Where we are in place and time）

我们如何自我表达（How we express ourselves）

世界怎样运作（How the world works）

我们如何自我组织（How we organize ourselves）

共享地球（Sharing the planet）

国际文凭组织小学项目的六大超学科主题，与汇佳的本真教育异曲同工，一脉相承。教育最后归于本真，实际上意味着开始对自我、对世界、对身处的这个时空的无边追寻。人这一生，生年不满百的光阴里，实质上回答的就是这六个问题，以及如何处理人与自我、与他人、与世界、与所寄居的这个星球的关联。

在汇佳，我们为孩子的这种探秘，提供了一个隧道。它的名字，叫探究课程。这种体验，不能是因循守旧、索然无味的，它最大程度地“解放”儿童的创造力，激发他们对未来的认知与创造的兴趣。

2013年下学期，汇佳幼儿园在世界如何运作的超学科主题下进行“光和影”的探究单元。探究的主体是大班的孩子们。因为在小班、中班阶段已经打了良好的基础，汇佳大班的孩子已经普遍具备了质疑探究的精神。老师们在设计课程的时候也是最大限度从实际出发，把一些生活中常见的有趣现象引入到课程中，这样一来，孩子们参与的积极性就特别高。

课程准备阶段是一个调查问卷，调查内容是问孩子们在生活中能发现哪些能发光的东西，这些光是什么颜色，在什么情况下会发光，哪些东西会有影子，这些影子是什么样子、什么形状的，等等。

孩子们经过自己的观察，填写之后带回来的调查问卷五花八门，有意思之极。有的说星星、月亮会发光，有的说珠宝、金银都会发光，还有孩子说老师眼睛、镜子也会发光。

看到这些有意思的答案，老师把所有的问卷都收上来之后专门做了一次分享讨论。分享讨论结束以后，很多小朋友对某些物体到底会不会发光产生了质疑。班里有个叫晨晨的小朋友，平时在家喜欢读书，知识比较丰富。他就说，月亮本身是不会发光的，我们看到的光是太阳光照到它的身上，然后又反射到我们的眼睛里，这样我们就会误以为它会发光。

其他小朋友不服气，说不对不对，月亮是会发光的，晚上就没有太阳，月亮怎么会反射太阳的光？结果就有了很多类似的争论。老师当然很高兴，因为创新型教育，首先就是要培养一种质疑精神，一种批判性思维。答案并不是最重要的，因为很多问题的答案，不是唯一的，是开放式的。重要的是通过质疑、争论的过程，让孩子养成一种思索的习惯。所以老师也不急于下结论说谁对谁错。

在分享讨论阶段结束之后，老师说，既然大家对很多问题存在分歧，那今天就留一个作业，回家以后大家再思考一下自己的观点，然后查找相关的资料，验证一下自己的观点是否正确，最后把你认为正确的答案和依据写下来。

第二天，孩子们把自己的作文都带了回来，一下子就把昨天有争议的问题解决了。月亮本身的确不会发光，我们看到的月光就是反射的太阳光。镜子也是不会发光的，它的光是对外界光的折射产生的。昨天，孩子们一致认为珠宝是会发光的，但经过查证才知道，有一些会发光，而另一些是不会发光的。能发光的珠宝，大家都想到了夜明珠，由此又产生了很多问题：夜明珠是什么样的？夜明珠的光是怎么产生的？

对此，我们老师“顺藤摸瓜”，正好有了第二次课的小任务：既然你们对夜明珠这么感兴趣，那回去以后就继续查资料，看谁能揭开夜明珠的神秘面纱，明天一起分享成果。

孩子们探究的热情高涨。等第二天分享成果的时候，大家都知道了，原来夜明珠里含有一种荧光粉，正是因为这种物质导致它会发光。在孩子们分享完自己的成果的时候，老师又给孩子们讲了慈禧陵墓里发现的夜明珠的故事。

这个故事又一次把孩子们的好奇心激发了出来。那颗神秘的夜明珠到底是什么样子？它有多大？这样，老师又把这些问题当成了作业留给了孩子们。

通过自己的努力，他们知道了夜明珠原来有大有小，大个的几个人都抱不过来，有的孩子还找到了很多图片，大家看着可兴奋了。

还是那个叫晨晨的小朋友，他说，夜明珠那么亮，我们的眼睛也会发光，那眼睛能不能像夜明珠那么亮呢？

老师说，关于人的眼睛又是一个新的领域的问题，我们再一起努力，今天的作业就是关于眼睛与光。

探究精神一旦被激发出来，真是一发不可收拾。后来，孩子们知道了眼睛是不会发光的，眼睛跟镜子一样，也是通过折射才有了光……

就这样，一个接一个连绵不断的问题吸引着孩子们不停地探索。每天都会有新的问题，每天都会有新的探索。最重要的是，孩子们享受这样的过程，喜欢这样的学习形式。老师会把孩子们感兴趣的问题和答案写到问题墙上，孩子们每天都会去看自己的“科研成果”，这也是激发孩子们不断探究的一个动力。

另一个深受小朋友喜欢的探究活动，是光与影。因为光的作用，影子是变化的，会变大也会变小，还会变出各种形状。为了让孩子们了解这一点，老师策划了一个手影表演活动，布置的作业是回家以后每个人准备两个手影，第二天过来给大家表演。

这个活动非常有趣，孩子们表现出空前的积极性。有的小朋友一下子就琢磨出好多形象有趣的手影。其他小朋友就在下面猜，这个是小兔子，那个是长颈鹿。孩子们都开心得不得了。

还有一件事让老师们都没想到。在探究的过程中，孩子的积极性还带动了家长的积极性，好多家长都对手影游戏产生了浓厚的兴趣，他们会跟孩子一起设计手影。在搜集资料的过程中，有的家长也会参与，通过这些活动家长与孩子建立了更为良好的亲子关系。

在好奇心的驱使下，孩子们往往会做出一些看似荒唐的举动，很多不明就里的家长会制止，会指责。这是不对的。汇佳的老师们知道，无论孩子们做出怎样出格的事，都有他们的道理，这是探究精神的种子，应该得到尊重，得到保护。

赵老师的班里正在进行超学科如何表达“色彩”这一探究单元活动。活动的主要内容是，通过让孩子们观察和分辨生活中各种物体的颜色，了解构成我们这个世界的各种颜色的秘密。

和以往的探究活动一样，探究单元一开始，老师也做了一个调查问卷让孩子们填写。调查内容就是列举生活中常见的各种物体的颜色。通过观察孩子们发现，有些物体的颜色会变化，不同的时间和环境会呈现出不同的颜色。第二天经过老师的引导，孩子们自己查找资料，知道了世界上的颜色其实都是由红黄蓝三原色组成的，三种颜色可以任意搭配调和成各种颜色。

一个有趣的故事就从这里开始了。大家都知道，汇佳幼儿园的教室里一般都会开出一块空间，设置成自然角，那里会种植一些植物，或者养一些小动物，供孩子们观察学习。之前，赵老师的班里在自然角养了两条小金鱼，一条黑的，一条红的。孩子们都很喜欢，每天都要去看看，给它们喂食。

这天，也就是孩子们知道了三原色的第二天，赵老师去看小金鱼的时候，发现鱼缸里的水变色了，变成了那种暗红色。老师明明记得昨天才换的清水，今天怎么就成这样了，就问班里的小朋友是谁干的。孩子们都不吱声。

过了一会儿，一个叫浩浩的小男孩跑了过来，说鱼缸里的水是他给变色的。跟老师说的时候，浩浩也不敢抬头，估计他也猜到了后果会很严重，金鱼也许会死掉。老师没有批评浩浩，而是耐心地问他为什么要这么做。浩浩说他喜欢那条红色的金鱼，不喜欢黑色的那条，想把黑的也染成红的。因为昨天讲那个三原色，做实验的时候，很多东西都会变色，他就是想试试能不能把金鱼也变颜色。老师说原来是这样，没有半点儿责怪的意思，反而感觉很高兴。

第二天，赵老师就利用金鱼事件为契机，安排了一堂关于变色的实验课。赵老师让孩子们准备了纸巾、布、豆子，以及好多塑料玩具，实验的过程就是给不同材质的东西染色。通过实验孩子们发现，纸巾和布是可以被染成不同颜色的，而塑料玩具和豆子就不行。于是，他们知道了，并不是所有的东西都可以染上颜色。后来，老师又说到那个金鱼事件，孩子们得出结论，想要通过改变水的颜色给金鱼染色是行不通的，想要给小金鱼染色还需要我们将来继续探究。

浩浩也感到不好意思。好在老师及时把染了色的水换掉了，小金鱼仍然很健康。

接下来，老师又把染色的课程做了延伸，拓展到了美工课。在美工课上，孩子们准备了面巾纸，然后用各种颜色的染料随意染色，因为染的时候是折着的，展开以后再看就会呈现出各种意想不到的图案，颇有超现实主义的绘画风格，非常漂亮。看到这些漂亮的作品，孩子们都高兴坏了。晚上回到家，让爸爸妈妈看，他们也很惊讶。很多家长反应，从那儿以后，孩子对色彩越发敏感，也越来越喜欢各种颜色，经常用这些颜色做一些实验。

通过上面这些有趣的事，你也许发现，孩子们的探究欲望和好奇心真是很强，只要你愿意去了解他们的内心，尊重他们各种“稀奇古怪”的想法，凡事让他们自己去操作，亲身体会其中各种科学道理，那么，他们的成长路上肯定会给你带来无尽的惊喜。

二 创意画：太阳公公为什么不能是黑色的？

“西西，你的太阳公公为什么画成黑色的？你看我的大太阳，它闪着金光呢！”莹莹看着西西的画，摇了摇头，疑惑地向她发问。

“因为我画的是不高兴的太阳公公。你看，阴天了，一定是太阳公公生气了。”西西望着窗外阴沉沉的天空，耐心地向莹莹解惑。

可是莹莹并不理解西西的想法，她嘟着小嘴，直说西西错了，太阳不可能是黑色的。西西觉得委屈，急得什么都说不出来，眼泪都快流出来了。

这时，在旁边听到两个孩子对话的小琪老师走了过来，她摸摸孩子们的头，和颜悦色地对莹莹说：“西西没有错，在西西的想象中，太阳公公生气了，脸都气成了黑色。她是一个有想象力的好孩子。”

对，太阳公公既可以是金色的，也可以是黑色的，更可以是苹果绿、薰衣紫、玛瑙红……这是发生在汇佳国际幼儿园创意画课上的一幕。奇怪吗？在汇佳幼儿园，让老师们喜欢的，恰恰是那份不拘一格的怪诞。汇佳幼儿园有这样一个小画家叫晨晨。一天，她捧来了一幅画作：一棵手指形状的树。这幅作品的诞生，好似李太白当年妙笔生花，同是梦中偶得：“昨天晚上睡觉时，我梦到那棵手指树了，从爷爷的花盆里长了出来，长着长着还开花了，开了一树的花，好漂亮！后来我就想，等我长大了，我要把这棵手指树种到世界每一个地方，让它到处开花结果，这样我们的世界就更漂亮了。”

这幅手指树画被老师挂到了幼儿园的“画廊”。我们常常很“臭美”地把汇佳幼儿园比作“卢浮宫”，孩子们的作品，是我们心中不逊色于《蒙娜丽莎》的珍藏。

比如，笑笑同学所画的怪兽，它的脑袋是圆圆的，脑袋上面又支愣起很多火焰，也可以说是鬃毛。它的眼睛一棕一红，它有三个鼻子，四个嘴巴。这是哪里来的史前巨兽？但经段美笑小朋友一阐释，它就显得憨态可掬了：“因为它是一个怪兽，很可爱。所以我把它画得很萌。这样，小朋友看见它就不会害怕了。”

佳宁小朋友创作了一个小男孩，她把他的眼睛，画成了太阳的形状：“他的眼睛，可以看到很多成年人看不到的东西。”他的头顶上，漂浮着几颗星星，“星星是为了晚上发亮光的”。而他的头上，本应长着黑头发的部位，是一个一个触角，“这触觉是用来抓坏人的”。

欣格小朋友的作品是一个小人，头上还飘飞着各种各样的小人。这些小人国的使者很有生活情调。“刮风了，他们都飞起来了，他们都在跳舞。”欣格小朋友如是描述。

颢颢小朋友笔下的小人儿，更了不得，是位君主。“这个小人是动物王国的国王，他头上尖尖的，是动物的角。波浪画成的圈，是动物的眼睛。小小的尖尖的，是动物的蹄子。他很开心有这么多小动物陪他。”

楼道里的画，琳琅满目千奇百怪，说也说不完。随便找一个孩子讲解他的作品，都能自信地说得头头是道。有时候我们都会奇怪，那些小脑袋里，怎么有这么多奇思妙想。也许，他们大脑细胞的运动方式，和我们这些老先生真不一样。

孩子的智力发育，对全世界的儿童心理学家来说，都是个奥妙无穷的谜团。“孩子的智力不如成人”，既定陈规的观念如是认为，但瑞士著名儿童心理学家让·皮亚杰，却从一个维度给出结论：年幼儿童不比年长儿童或成人“笨”。这些小精灵们，用完全不同的方式进行思维，他们所感知、所观察与所创造的，是一个完全不同的世界。不管哪种教育流派，都不否认人与生俱来的想象力。汇佳学校创办之初，我们思考最多的一个课题，就是怎样去保护和最大限度地去激发出孩子们的想象力。

“天一定是蓝色的，头发一定是黑色的”，这是约定俗成的认知，但它符合孩子们的思维吗？不，在孩子的心目中，没有这些界限。他看到的世界，流光溢彩，光怪陆离。任何的定式，对他来说都是“锁链”。您让他画他眼中的妈妈，孩子没准能画出头上长角的妈妈来。画一部车，孩子没准能让车开进深海。他们的想象力，好似九月的海棠，清新、热烈，漫山遍野地生长。

认为天空只有一种颜色，是成人用自己的定式不断去纠正孩子的结果。规定了天空的颜色，最有可能造成的结果是——海棠的枯败。所以在汇佳，我们最大限度地保护孩子的创造力。鼓励孩子把生活中的物象拟人化、具体化，加入自己的创意去表达喜怒哀乐。我们从不“规定”头发是黑的，而是要把孩子的潜能给激发出来，让他这段超现实的时期尽可能地延长。如果问这算什么流派？呵，这就是我们的“汇佳派”。

夏天就要来了，韩老师抓住时机，开始了她的美术教学：“如果老师请小朋友设计几套夏装，你们会设计怎样的图案和花纹啊？”

“我要设计蝴蝶结的。”

“我要设计汽车衣服。”

“我要画奥特曼。”

“我要画出三角形和正方形的组合。”

……

小朋友们拿出纸笔进行了创作。他们的画风不一，有的细腻，有的擅长描绘花纹，也有的擅长排列几何图形……最后呈现在老师眼前的，是一场精彩的时装秀。通过这种绘画，孩子们把对自我与世界的看法融入其中，将自己的想象和美好祝愿用图画的形式向我们娓娓道来，那些从小培育而成的人文关怀和善良友爱彰显其中。他们的内心世界有超乎同龄孩子的丰富和热情，古灵精怪的想法和张扬向上的表达力令人称赞。

“我的孩子今年六岁，朋友看到她的画都不敢相信这是一个六岁孩子的作品。”Lily妈妈自豪地说。

希望“达利”不要自我们手中“消失”，希望“毕加索”不受缚于思维的牢笼，希望“提香”于光与影、与色的交错中，捉住属于他的斑斓。希望孩子——

永远不 “屈从”于旧有。永远画自己，画你心中的世界。

二 童话剧：你会是将来的J·K·罗琳

汇佳幼儿园里的孩子们最近很忙碌。有的举起了画笔，用丰富的想象力描绘着故事世界里的王子公主和小魔仙；有的拿起了小话筒，一遍遍练习朗诵，声情并茂地做起小旁白；活泼好动的小丫头小男生则手舞足蹈，把各种肢体语言融入到童话世界里……

“他呀，每天忙着排练记台词，表演得有模有样，像个小大人。

在家里还让我们配合他的舞台剧。问他累不累，他说，‘妈妈我一点儿也不累，真的好开心！’”一位妈妈说。

刚刚升入K3的孩子们与K2时期比明显变化的，就是表现力、语言表达能力的增强，他们都急切地寻找机会想要表现自己。老师们发现了这一点，于是开展了一个“讲讲小故事”的主题活动，让孩子们开动小脑筋，感受故事的情节变化，用自己主动形成的兴趣明白故事里蕴含的道理。

“我小时候听故事，只知其一不知其二。老师讲完故事，往往是告诉我们故事说明了什么、我们该怎么做、社会需要什么样的人。至于怎么得出的结论、为什么要根据故事所树立的中心思想做事，在那时我往往是一知半解。”菲菲老师对自己的童年经历很苦恼。“孩子们如果这样听故事，理解力、感受力、创造力的提高会很受限！”

菲菲老师很是担心，于是，和同事们想方设法，力图改变。国际文凭组织小学项目教育理念给了菲菲老师和她的同事们灵感。让孩子自己探索我是谁，我身处怎样的世界，怎样的时空，由内而外激发孩子的潜能！

单向的老师讲故事、幼儿倾听的方式，已经不符合这一代幼儿的特点和身心成长的需求了。让幼儿做游戏的主人！教师的责任，不是做指挥者、操纵者，而是做幼儿活动的引导者、支持者！设置一些情境和表现形式，激发孩子的表达兴趣和表演欲望！

故事课上，菲菲老师让每一位小朋友说出自己最喜欢的故事。《白雪公主》《葫芦娃》《丑小鸭》《青蛙王子》……

“我喜欢《白雪公主》是因为，因为……嗯……她很善良很漂亮，而且很有爱心！”小姑娘的大眼睛闪闪发光，她希望小朋友们为

她喜欢的故事投一票。

“我也喜欢！”

“我投一票！”

孩子们争先恐后地走到投票箱前，将自己手工制作的宝贵一票投给了《白雪公主》。这是菲菲老师想出的好办法，让每一位孩子和大家分享自己喜欢的故事，通过大家投票选出最受欢迎的三个故事。

“我要给大家讲讲《植物大战僵尸》。”一位自信的小男孩跑上台。

什么？这不是一个游戏吗？怎么也编成了故事？这是菲菲老师所不了解的。经过小男孩的讲解和大家的补充，菲菲老师渐渐明白了，《植物大战僵尸》是由游戏改编成的书，并且在孩子们中很受欢迎。

黑暗的夜里，邪恶的铁桶僵尸、巨人僵尸，不死心地发起又一轮进攻了。还好，还有向日葵吞吐着能量，食人花蓄势以待，大倭瓜随时准备着跳起来用大屁股把僵尸压扁……

“谢谢你们给老师讲了那么多老师所不知道的！”菲菲老师喜悦地告诉她的学生们。

经过评选，最终《白雪公主》《植物大战僵尸》《青蛙王子》赢得了入场券，成为了孩子们重点学习探究的对象。

菲菲老师继续把孩子们分为三组，兼顾三个故事，轮流探讨。

“故事里有哪些人物啊？”菲菲老师在课堂上问道。

“公主”、“小矮人”、“王后”、“王子”……孩子们争着回答。

“那么，小朋友们，开动你们的小脑筋，在自己的小组里讨论一下，大家都说说自己的想法，白雪公主是怎么到森林里的？王后为什么想杀掉她？故事是怎么发展、进行的呢？”

这可难住了孩子们，一时教室里没声了。可是菲菲老师并不担心和心急，而是活跃气氛，鼓励孩子们认真思考。

“我们想出来了！”

“我们同意他们的看法，想再补充……”

热烈的讨论使得课堂气氛活跃起来了。获取知识的过程是快乐的，每一位孩子的脸上都洋溢着笑容，无疑，他们是喜欢这种学习方式的。菲菲老师给孩子们充分的时间表达和分享他们的看法，充分尊重这些小朋友的表达权利，和他们一起思考、一起快乐，没有一点儿不耐烦。

孩子们虽然年龄小，但感受力很强。当菲菲老师引导孩子们总结故事的意义时，小思考者们能够静下心来皱着小眉头思考，或低声和自己的好朋友讨论，或崇拜地望着老师，希望老师能够在自己思考之余给点儿小提示。总之，每一位孩子都融入到故事情节里，不盲从。菲菲老师很满意。

接下来，进入到了重头戏：既然孩子们掌握了故事所需的一切，那么该是他们运用创造力、想象力自己编创故事的时候了！

孩子们抽到了三张卡片，分别是具体的时间、地点、人物。菲菲老师引导孩子们丰富故事的三要素，编出自己独特的小故事。有以“王子”为主题的故事，有以“怪兽”为主题的故事，也有以“草莓酱”为主题、经孩子们天马行空的想象编出的有关爱心的故事。

故事的完成，需要老师的悉心指导和孩子们的不断反思。这个故事表达什么意义？它的类别是什么？情感类、道理型还是什么？孩子们在大胆创作并不断向老师、其他班小朋友的讲述宣传中不知不觉地增加了故事的可读性和深度，提高了自身的综合能力。最后，每一个故事内容都很完整、丰富，这是大家合作的结果！

故事的领会也在于表达与表现。于是，菲菲老师因材施教，又组建了三个小组，分别是绘画、表演和旁白。孩子们可以通过自己的兴趣选择希望加入的小组，做展示汇报。

“老师，我喜欢画画，我能把故事画得又快又好，我能加入绘画组吗？”一个瘦瘦小小很有灵气的小姑娘踮着脚尖期待地问菲菲老师。

“没问题，小艺术家。”菲菲老师笑着告诉小姑娘。

“老师，我想加入表演组，可以吗？”

“老师，我想……”孩子们迫不及待地选择并加入自己的小组，无疑菲菲老师的“金点子”把他们的积极性调动起来了。孩子们利用空闲时间排练、研究剧本、绘画，没有一个人袖手旁观。

经过小朋友们紧张的排练和多次彩排，展演总算有了眉目。孩子们都十分希望能将集体的成果、个人的进步展示给爸爸妈妈看，于是，他们自发制作了邀请函，用自己稚嫩的双手和画笔请爸爸妈妈来幼儿园看看大家的小成果。爸爸妈妈也感到很欣慰，不假思索地答应了孩子们的小请求。展示当天，座无虚席。孩子们的表演，是稚嫩的，举手投足都略带紧张，挡不住的是那份投入，还有那旁白解说和色彩缤纷的画作，为展示活动增色不少。

父母很开心地欣赏完由自家儿女表演的“艺术盛宴”，纷纷表示：

“看着他们认真的样子我们也很有成就感。”

“新型教育和我们那时完全不同了，孩子们有自己思考的空间。”

“提高了孩子的动手能力、认识力。”

“孩子看问题的角度更加多样化了，通过这种学习他能理解不同事情所代表的不同意义。”

不只是家长、孩子们，菲菲老师也很有成就感：“其实活动的目的，就是提高孩子们的情商和感受力，促进他们的全面发展。”

何为全面发展？很重要的一点就是拥有丰富的想象力、创造力，学会深入探究事物的意义和本质，拥有对不断变化的世界不枯竭的兴趣，最终目的是培养独立健全的人格。

J·K·罗琳，当今世界的童话女王，也曾经说过：“我们不需要魔法来改变世界，我们已经在内心拥有了足够的力量：那就是把世界想象成更好的力量。”

我们为孩子们的未来谋划，鼓励他们独立思考、拥有创造性思维和与他人合作的能力，他们的未来具有无限可能。

二 做富有同情心的人：为蝴蝶举行一场葬礼

成为富有同情心的人是汇佳国际文凭组织小学项目十大培养目标之一，孩子的成长不能没有爱心，是否富有同情心关系到孩子未来的人格健全与否，它的重要性是不言而喻的。但是，同情心不是灌输出来的，而是引导出来的。在汇佳，老师注重细节，不放过任何一个机会，利用一切可以利用的资源，有时候甚至是一只偶然间发现的小虫子，也能给孩子“润物细无声”的爱心影响。

9月的一天，赵老师带着班里的孩子在幼儿园后面的操场上做游戏。这时候，好多小朋友都在玩滑梯。滑梯不远的地方有一棵大树，有一个叫丽丽的小朋友独自一个人蹲在大树底下，聚精会神地看着地上的什么东西。老师走过去问丽丽在看什么，丽丽说：“老师你看，这里有一只红色翅膀的小虫子，是蝴蝶吧？”她一边观察一边继续问老师，“这只小虫子是不是找不到妈妈了？”

老师点点头说：“也许是吧。”

丽丽又说：“你看它自己在那儿蹲着，它有朋友吗？”

这时，一个小男孩突然跑了过来，还没等老师反应过来，就一脚踩到了小虫子身上，把小虫子的身体踩破了，身体里的东西也挤了出来。丽丽也不知道是怎么回事，起身就往一边跑：“老师快看那只小虫子都吐了！”

老师没有当场批评那个踩虫子的小男孩，而是对不明所以的丽丽说：“小虫子不是吐了，是有小朋友伤害了它，它身体受伤了，很疼很疼。虫子跟我们人类一样，也是有生命的。以后再遇到小动物，我们该怎么办呢？”

“我们应该保护它们。”丽丽说。

老师说：“对，那这只小虫子好像没有生命迹象了，我们怎么办呢？”

丽丽就说：“我们送它回家吧！”

老师就趁此机会，把其他小朋友都叫了过来，郑重其事地给小虫子办了一场葬礼。小丽丽轻轻地拿起小虫子，放在一块平地上，然后用树叶盖好。整个过程中所有的小朋友都静静地看着，没人说话，气氛很肃穆，很庄严。

葬礼结束之后，老师向小朋友及时讲解应该怎么对待身边的小动物，因为刚刚经历过这次事件，孩子们很容易就理解了每一个小动物都是与人一样平等的小生命。它们需要我们的保护，而不是伤害。当然有些动物会很危险，我们应该学会保护自己，同时也不要去伤害它们。

这个事件直接影响到了那个叫壮壮的小男孩，他平时在路上见到蚂蚁都会踩一脚。这次事件之后，他跟老师说以后再也不伤害小动物了，它们也有爸爸妈妈，要跟它们成为好朋友。听到壮壮的话，老师感觉很欣慰，自己的努力总算没有白费。

在汇佳，还有一个小朋友，叫佳轩。一次佳轩对爸爸妈妈说："爸爸妈妈你们辛苦了，我一定会给你们养老送终！"如此惊世骇俗，也许你会问，他怎么想起说这样的话?

原来，园里组织了一个小活动"我想对爸爸妈妈说……"，就是让孩子们说出最想对爸爸妈妈说的话，以此唤起孩子们心中对爸爸妈妈的爱。其实佳轩并不清楚"养老送终"是什么意思，只是因为爸爸妈妈跟爷爷奶奶有过类似的对话，被她听到了。她就觉得，养老送终肯定是一件很有意思的事，爸爸妈妈肯定喜欢，不然他们也不会跟爷爷奶奶说。

其他小朋友问老师养老送终到底是啥意思，老师告诉大家："等你工作了，有能力挣钱的时候，爸爸妈妈都已经老了，你要好好对待他们，给他们好吃的好喝的，让他们开心，一直到他们去世，你们能理解能做到吗？"孩子们一听就明白了，都说能做到。由此就引申出另一个话题："爸爸妈妈老了你要怎么对待他们？"

园里有个叫麦麦的小朋友，她的妈妈是个非常重视孩子教育的人，特别喜欢汇佳的教育理念。妈妈喜欢种花，家里专门留出了一间房，种了一百多盆各式各样的花草。平时，无论白天黑夜，她都会利用业余时间去施肥浇水。晚上麦麦上床以后，哄麦麦睡觉的是姥姥，妈妈趁这个空当去花房看自己养的花了。

有时候麦麦也会发牢骚：“妈妈你又去捣鼓你的花了，你不陪我。”妈妈就说：“种花是妈妈的一个爱好，妈妈已经用了很多时间陪你了，我只是想抽出一点儿时间去完成自己的一个心愿。”

当然妈妈也担心自己所做的事会影响到孩子，于是问麦麦：“妈妈老了你会怎么对待妈妈？会不会抛弃我不理我？”

因为在幼儿园里有这方面的教育，麦麦说：“不会的，等妈妈老了，我会给妈妈买一个很大的房子，再买很多好看的花让妈妈养。这样我们俩的相处时间就会很久、很久、很久。”

第二天，妈妈来到幼儿园还跟老师说了这件事，她真的是很感动，没想到孩子这么小就这么懂得爱爸爸妈妈，然后她自己也决定了，以后尽可能多抽出时间陪陪孩子。

“可不能辜负了孩子的爱心。”妈妈说。

一点一滴的细节，是对孩子无声的润泽。对父母的情感、对他人苦难的同情，就孕育在这些细节中。汇佳孩子的心，似乎特别柔软，汶川地震、玉树地震中，小朋友捐出了自己的零花钱，听到幼儿园播放《爱有天意》时也泪光闪闪。小朋友明白什么是爱，小朋友知道人世间最不能缺少的就是爱。

二 新闻播报：现在开始脱口秀

“现在是新闻播报时间！”听到这个声音，你不要误会，这里不是电视台，而是汇佳幼儿园新闻播报角每天例行的活动，播音员嘛，当然也不是什么明星大腕，而是各位小朋友。

“昨天，非洲一个大猩猩生了双胞胎，小猩猩的样子好可爱！”林林拿着一张报纸，开心地讲述着这个双胞胎猩猩的新闻。

“爸爸昨晚亲自下厨，给我和妈妈做了好多好吃的，特别是那个油焖大虾，味道好极了！”小强绘声绘色地说着昨晚发生在自己家里的新闻，馋得小朋友们直流口水。

“这两天降温了，地震灾区的小朋友们穿得那么少，我担心他们会冻坏的。”东东一脸忧郁，讲述着电视上看到的新闻，并倡导大家给灾区的小朋友们捐衣服。这个提议得到了其他小朋友的一致赞同。

孩子们的新闻播报是不是挺像那么回事？其实这里不仅仅只有新闻，还有好多有趣好玩的事被孩子们拿来分享。新闻播报除了可以让孩子们沟通交流，还有很好的教育作用。有则新闻说有个孩子被家里的滚筒洗衣机夺去了小生命。这则新闻也被孩子们拿来分享讨论，很多孩子就说了，我们家也有一个一样的洗衣机，妈妈就说了不让碰，很危险，手都不能伸进去。别的孩子听了就会记住，因为是小朋友们之间分享的“经验”，他们会格外重视，以后他们再见到洗衣机就会格外小心了。

有时候孩子们的语言没办法表达得很清楚，老师就会鼓励他们画出来。还是那则洗衣机事故的新闻，有的小朋友就画了出来，洗衣机旁边有两个小朋友，附有一句警示语：小朋友们要远离洗衣机。还有署名和日期。这幅画被贴在了新闻播报角，孩子们每天都会看到。

汇佳幼儿园有一个故事大王，名叫栋栋。栋栋平时喜欢看书，看各种有趣的书，认识的字也比较多，积累的知识相当丰富。最重要的是，栋栋喜欢给小朋友们讲故事，故事大王的美誉就不胫而走了，由此也积累了不少忠实的粉丝。趁吃饭的空当，他也不闲着，随手拿起故事书就给旁边的小朋友讲起了猴子捞月的故事。刚开讲，就有好几个小朋友凑了过来，围起一个圈，聚精会神地听。别看栋栋是看着书讲的，但讲起来一点儿不呆板，吐字清晰，抑扬顿挫，说到猴子们头尾相连，从树上一直伸到井底的时候，还不忘感叹一句：那场面真是太壮观了！他表情夸张，让人看了忍不住会笑出来。

栋栋不仅讲故事，平时还会关注一些热点新闻，然后给小朋友讲解一番。有一阵子，北京空气质量不是很好，常常会有雾霾出现，他就会跟小朋友说："你要注意了，这两天有雾霾，妈妈说了，吸到这种空气会死掉。"讲解的时候虽然是引用妈妈的话，但也不忘夸张一番。通过栋栋的传播，孩子们都知道了，雾霾是一种不好的天气现象，虽然具体是怎么回事他们也不是太懂，但他们会用自己的方式去理解："空气里有不好的东西，大家要小心了。"

交流需要真诚，需要技巧，更需要一片开放的空间与氛围。汇佳给孩子们提供了一块交流的乐土，他们的语言天赋在这里得到了尽情的施展。相信在不久的将来，在未来的道路上，这里的孩子们都会给世人讲述一个属于自己的精彩故事。

二 魔法课：见证奇迹的时刻到了

对于幼儿来说，整个世界都是新奇的。富于梦幻色彩的魔术，也更易引起孩子的兴趣。

选个有点儿魔术专长的老师，搭个便于观看的表演台，再挂张帘子，就有了一个蒙上神秘色彩的魔术区……北欧园为小朋友开辟了这样一个“神奇神秘”的小领地。后来的事实证明，这种做法很成功，这里成了幼儿园最受欢迎的区域，几乎所有的小朋友都被吸引过来了。

负责这一块的孙老师后来说，魔法课给孩子们带来了快乐，带领他们去揭秘这个世界。更重要的是，孩子们开始知道，自己也可以制造奇迹。

时间回溯到2013年3月份，园里的孙老师刚刚参加完一个魔术培训班，开始琢磨着能不能带孩子们一起见识魔术的魅力。老师拿了一个特别小的纸人立在地上，跟小朋友们说，老师有魔力可以命令纸人倒下。

孩子们并不知道这个魔术的窍门在于制造出一点点风力，只是被老师的手势和神态所吸引。他们学着老师的样子一个个上来尝试，结果却都失败了。老师又演练了几遍后，稍微大一点儿的孩子发现了关键所在，再依次学习了一遍就会了。等到一起研究这个“为什么”的时候，孩子们唧唧喳喳说个不停，这个简单魔术引发的兴奋度超过了老师的预想。

一开始，接受魔术的孩子不是很多，尤其是一些小班的孩子，要理解起来还是太难了。但老师们意识到，孩子们需要慢慢引领。比如，有的孩子喜欢过家家，老师们给他们演示了个利用压强压力原理的游戏，在一个杯子里面装米然后插筷子，然后一提筷子能够把那个杯子带起来；还有一些孩子喜欢扑克牌，而对其他游戏不太感兴趣，老师拿那个扑克牌变一下魔术，很快就把他们的注意力吸引了过去。

随着孩子们对魔术兴趣的日渐浓厚，老师们开始尝试教他们使用道具。这样就让孩子们在懵懂中发现，工具不但是很好玩的，而且还是很有用处的。比如，有一个游戏叫做“筛子的魔术”，在成人来看平淡无奇，孩子们却非常喜欢。游戏并不复杂，一个盒里放1个大筛子，大筛子底下有4个小筛子，当孩子们甩一下盒子的时候，盒子上面的吸铁石就把大筛子吸了上去，1个大筛子就变成4个小筛子。如何使用吸铁石的技能，已经被孩子们牢牢记住。

小朋友们都很聪明，大一点儿的孩子经老师稍加点拨，很快就能掌握其中的奥秘。老师们观察发现，成功上演“戏法”的孩子们，常常对一个魔术游戏反复练习，缺乏自律和注意力不集中的毛病有了很大改观。渐渐地，“见证奇迹的时刻到了”这句话，也成为了孩子之间的流行语。

孩子们比较熟练、比较喜欢的魔术有“心心相恋”，就是将手里的海绵由一个变成两个，主要靠的是手法的熟练。再比如稍微复杂一点儿的“丢手绢”，黄的、绿的、蓝的手绢在手里变来变去，孩子们乐此不疲。

一个学期还没过一半，魔术区已经成为北欧园的一道风景，变魔术已经成为孩子们最喜爱的游戏，大班的孩子基本上每个人都会变3～4个魔术。老师们发现，孩子们在向伙伴们展示魔术时，开始注意避免“露馅”，不经意间逐渐懂得了换位思考。

老师们通过家长反馈知道，不少孩子把自己学会的魔术演示给爸爸妈妈看，往往表现得非常自信。一位家长说，看到儿子把订书钉别在杯子上，用筷子一挑就直接把两个杯子带起来了，但轮到自己做的时候却总也不成功，觉得有点儿尴尬，还专门去买了本魔术入门的书来看呢。

看，魔术带给孩子们的不仅仅是炫丽的快乐，不仅仅是满足求知欲，还有表演成功带来的成就感。而这些东西，是一个孩子在成长中所不可缺少的营养。

二 大带小：姐姐妹妹一起来

新学期一开始，王老师刚刚接手混龄活动教学，就发现自己必须得适应一些身份上的变化了。她不能只像以前那样带着孩子们做游戏、学作画、猜谜语，而首先要当一个“引导员”，让大一点儿的孩子去做“领头者”，然后观察和记录孩子们的点点滴滴，这时她又是一个“观察员”。

园里为什么要进行这样的混龄活动教学呢？这是因为，大大小小的孩子在一起玩耍，很自然会形成兄弟姐妹的关系，年龄大的孩子会处处以哥哥姐姐的身份要求自己，逐渐忘掉在家时接受帮助的特殊地位。小一点儿的孩子为了得到哥哥姐姐的照顾，也不敢像在家里那样，以发脾气来要挟大人。这样，不同年龄的孩子都可以在交往中得到很有效的锻炼。

汇佳的价值体系，向来倡导人与人之间的协作与共赢。国际文凭组织小学项目六大超学科主题，探究的就是人与自我、与他人、与时空的关系。十大培养目标里，除了鼓励你成为知识渊博、有原则、敢冒险、思考者、反思者之外，也分外强调“交流”、“胸襟开阔”、“富有同情心”这些社会元素。强调竞争、高分的价值导向，在教育界已引起广泛的讨论，因为高分——赢——强者——社会认同这种价值链条，容易强化孩子的自我意识、竞争意识乃至发展成进攻型人格。而在汇佳的价值体系里，我们着重培养的是思考、社交、沟通、自我管理、研究这五大技能。我们鼓励幼儿兼具“欣赏、投入、自信、合作、创意、好奇心、同理心、热诚、独立性、正直、尊重、宽容”这十二种态度。与他人、与哥哥姐姐频繁的互动中，幼儿将更好地实现完整的自我建构，获得丰富的情感体验和社会认知，成为“全面发展的人”。混龄活动教学的意义，也在于此。

王老师负责混龄活动教学中的美工作画。这一天是K1班和K3班混合。她宣布：“这一堂课，哥哥姐姐要带着弟弟妹妹一起完成手指硬画，自己选工具和颜料，一人画完一棵树。”话音刚落，孩子们就接二连三地发言与提问：“我来陪K1班的小燕，这样她就不会老哭老想家了吧？”“老师，我能不能让哥哥陪我画一棵红色的树？”“我画得慢，姐姐会不会不等我？”这些情况都在老师的预料之中。她耐心回答着孩子们的问题。

角色虽然有一些变化，但并不意味着王老师撒手不管，在她的引导下，孩子们尝试用蜡笔画一棵大树的树干。由于K1班的孩子们第一次用蜡笔，有的将纸戳了个洞，有的干脆将蜡笔掰断了。不过率先完成树干的K3班孩子，没等老师嘱咐，很快就给身边的弟弟妹妹递上了自己的蜡笔。

在给树干上色的时候，军军遇到了麻烦：“老师，树干是什么颜色的啊？”“你自己想一想，只要是漂亮的就可以，还可以去问问哥哥姐姐啊。”军军看到周围有用红色的，有用绿色的，跟旁边的哥哥一番商量后他决定用深棕色的。

画树叶的程序到了，大一点儿的孩子之前都学过这个步骤，现在轮到他们当小老师了。K3班的孩子们带着弟弟妹妹找到颜料，把他们的小手都蘸了个满满。李老师之前特别叮嘱过K3班的哥哥姐姐，一定哄好K1班的弟弟妹妹们，事实上孩子们也确实干得不错。嘉豪很自然地帮妹妹琴琴撸起了袖子，摁着妹妹的小手在画上留下一个个小树叶，不然琴琴这个冒失鬼肯定会把颜料弄得全身都是。不一会儿，像满天星一样的树叶在琴琴的树干上“长”了出来。

这样，一棵树算是基本成功了，大一点儿的孩子像一个小大人一样，点评起弟弟妹妹的作品：“这个是粉粉树”、“这棵树画得真粗”、“这棵树红得不好看”。K1班的孩子们也很兴奋：“我戴着蓝手套，我是蓝精灵蓝妹妹”、“黄色的就是黄精灵，粉色弄的是粉精灵”……

老师的点评很巧妙：“虽然现在是冬天，看着小朋友们的画就像春天来到了，不过，是不是还缺个什么啊？”

很快，一个个粉色的、紫色的大太阳又冒了出来，有的孩子还画上了小草和虫子。

作画结束，王老师特意安排K3班的孩子们负责监督弟弟妹妹洗手。结果，不但K1班孩子的小手一个个洗得干干净净，连监督他们的哥哥姐姐也都把自己弄得利利索索。平常总吵着要老师帮着洗手的刘子瑞，竟然主动帮起妹妹来。

这次混龄作画活动的成果很不错，因为孩子们都对自己的“大作”很满意，一个个兴高采烈，都吵着要拿回家挂在墙上。大班的孩子享受着当哥哥姐姐的乐趣与责任，而年幼的孩子也享受到了当弟弟妹妹得到的照顾，也学会了关心他人。“兄道友，弟道恭”尽在其中。

现代家庭中的孩子，基本上都是独生子。有时成人给他们戴上幼稚、自我、孤僻的标签。但与孩子们的朝夕相处中，孩子的友爱、慷慨、关爱、无私……时常令我们感动。我们这些成年人该多多思考，如何让宝宝性格中美好的成分发酵。

二 早操时间：我们一起秩序养成

刚入园的宝宝们都处在一个“秩序形成敏感期”，规则意识还没建立起来，特别是那些有点儿个性的宝宝，在家可能自由惯了，来到幼儿园就会表现得不合群，很多集体活动也不太乐意合作，当然也就很难融入到幼儿园的集体生活，这样的个性对未来肯定是不好的。

2013年10月份，新来了一个叫对对的宝宝。刚来那几天，老师就发现一个问题，每天做操的时候，对对不怎么配合。开始的时候，老师以为对对初来乍到，在陌生的环境中比较拘谨，也就没太在意。直到后来连续几天对对都不配合，大家都做操的时候，他要么是待着不动，要么就是做些不协调的小动作。老师发现了问题所在，但是这种情况不能简单地指正、批评了事，这种做法对孩子来说是一种伤害，最终也解决不了问题。

汇佳的老师知道怎么跟这样的宝宝沟通。

一天下午，老师在对对跟前蹲下来，彼此在平等友好的气氛中，进行了一次卓有成效的谈话。老师问对对：“我们早起在做操，你看到了吗？我们做的操你会做吗？”老师知道对对是个聪明的孩子，各方面的发展都很好，肯定会做的，之所以这样问，就是要给对对来一个正面的“刺激”，俗话说请将不如激将嘛。果然在老师的预料之中，对对说：“会做。”老师又问道：“那对对明天跟着老师做好吗？”对对就说：“可以。”说完，老师还跟对对拉了个勾，又象征性地立了个协议盖了章。这套仪式完成，就意味着对对跟老师之间达成了初步的意向，下一步就看对对的表现了。

虽然对对只有两岁半，但这种平等交流沟通他是能听懂的，并且这也正是他想要的。

果然，对对不负众望，第二天在做操之前，对对就提前准备好了，还特意跟老师说："老师，我今天跟你做操。"

那天，从做操开始到结束，整个过程下来，对对始终认认真真，一板一眼，变化之快，令人深感意外。从这以后，对对的表现一直很好，无论是做操还是别的活动，都很配合，不掉队，也不会找一些不必要的麻烦。从本质上说，对对这是彻底认同了老师的教学方式，认同了这个班集体，认同了幼儿园。

其实，汇佳的老师们都明白这个道理，不仅是对对一个宝宝需要这种平等的交流，所有的宝宝都一样，他们都不需要那种高高在上的、教条式的教育方式。要想让宝宝认同你指定的规则，首先你要学会"蹲下来"，你要学会尊重，要让他们感到你的真诚。

二 工夫在诗外：有多少童言，可以无忌？

一出出喜剧正在汇佳上演。喜剧的主角，是汇佳的孩子们——他们以天籁般的语言，向我们诉说了童心的魅力。

儿童是天生的语言学家。"生有一种语言习得的装置，学习语言的能力在生命的第一年就表现出来。"语言学家乔姆斯基研究所得。中国古代文学史上，也不乏少年天才一句成名。如"咏絮才"谢道韫，因"未若柳絮因风起"名扬天下。而日本的樱桃小丸子，也以她喜感十足的语言，征服了亿万观众。她的名言有："食物太贵了，只有和妈妈一起，才可以吃。”“总要给大人一点儿面子。” “求求你啦……就依我一回吧！以后我再也不烦你们了，连丈夫都可以自己找！”……

在汇佳，也有这样一群孩子。由于“师生平等”“共同探究”的轻松氛围，孩子们思维活跃，童言无忌，不知碰撞出多少妙趣横生的佳句。老师在教学笔记里，录下声声童趣，灵秀，顽皮，即使是“丑萌丑萌”，也让人喜悦不已。

也许有一天，汇佳幼儿园里会走出外交家、作家、相声演员、交流者。但即使没有，即使我们的宝宝，自始至终只是个开开心心的平常人，小宇宙爆发的这一刻，就很美妙很强大。它，仿佛栀子花在月光下绽放，仿佛小精灵在森林里对话与嬉笑……

故事一：我有小弟弟了。

我们班一个小男孩儿，在进行生活环节时拉了拉我的手。

“老师，我告诉你一个事情，我有小弟弟了。”他神秘地说。

“小弟弟？在哪里？”

“在我妈妈肚子里。现在5个月了。老师，你知道5个月的胎儿是什么样吗？有什么变化吗？”

“不知道啊。你能讲给老师听吗？”我想引导孩子讲出来。

他的回答让我喜出望外：“嘿嘿，5个月的小宝贝会吃大拇哥了。”

“那你刚开始的时候，是怎么知道妈妈有小弟弟的呢？”

“老师，我是看妈妈的肚子变化。刚开始时是一点儿看不出来的，慢慢长大了到三个月的时候就有一点儿变化了。妈妈的肚子鼓起来了。我还观察到妈妈肚脐眼也发生了变化，之前凹进去的肚脐眼，慢慢变平了。”

“这些都是你自己观察的吗？”我为这准确的描述和细腻的观察感到不可思议。

“不，是我爸爸，带着我看百科全书一起观察到的，让我了解我的小弟弟。”

故事二：毛毛虫的妈妈，会伤心吗？

一天，课外活动的时候，我们班的牛牛跑过来说：“老师，你快过来，看看这是什么？”

“那不是绿色的毛毛虫吗？怎么了牛牛？”

“您看它怎么掉到地上了，它不是应该待在树叶上吗？”

看到我们在讨论毛毛虫的问题，小朋友们纷纷聚拢来，叽叽喳喳。有人说：“你看今天风多大啊，它这么小，这么轻，肯定是被风吹下来的。”

“那它会去找它的妈妈吗？”第二轮的问题随之而来。

“会吧，它会想它的妈妈。”虽然知道这个答案可能很“残忍”，我不得不告诉小朋友。

小朋友的表情变得难过起来：“那我们离开妈妈了，我们就会很伤心，老师你告诉我这毛毛虫会伤心吗？伤心了之后，它会流泪吗？我怎么没看见它的眼睛啊？”

我不知道怎样回答小朋友的问题。这时，有个比较活泼的小男孩儿，想踩死毛毛虫，但其他小男孩儿把他拦住了：“我们不能踩死毛毛虫。”

两拨意见又形成了，一拨小朋友说：“毛毛虫是有毒的，它是害虫。”另一拨小朋友坚持：“我们不要踩死它，毛毛虫也没有侵害我们，它是一条生命。”

回到班里之后，大家就这个问题继续进行了讨论。大多数的小朋友都不赞成踩死毛毛虫，最后我们形成了一致意见：“在小动物没有侵犯我们的时候，我们就不要伤害它，这就像我们被别人打了之后妈妈会很伤心一样，毛毛虫妈妈如果找不到它的孩子，也会很伤心的。”

我们还扩展到要关心周围的植物，它们都是有生命的，包括比我们小的小朋友，我们都要爱护他。

故事三：老师，我也有一只小鸟。

今天发生了一件可乐的事。中午我给孩子们套上外衣，有位小朋友的衣服前面有一个图案——愤怒的小鸟。

“挺漂亮的小鸟呢。”我夸奖道。

这句话被我们班上的明明小朋友听见了。他抬起头来，特单纯地望着我说：“老师，我也有小鸟。”

我上上下下打量了一下他，没有啊，于是困惑地问道：“你的小鸟在哪儿啊？”

他低着头看着自己说：“老师，我的小鸟在这儿呢。”说着他还要给我看。当时我就已经笑得前仰后合了，他还接着说：“老师我的小鸟在这儿呢。”

“行了，孩子，老师知道你的小鸟是什么了。”

更可爱的是旁边有一位叫豆豆的小女孩儿，这时也兴奋地告诉我：“老师我也有小鸟。”

天哪！我完全招架不住了。“小豆豆你的小鸟在哪儿啊？”我以为她也要看着自己说小鸟呢。

结果豆豆告诉我："我的小鸟在家里。"

"那是什么小鸟呢？"我快要晕过去。

"妈妈给我买了一只小鸟，是真的小鸟。"

什么叫童心无邪？这就是了。我真爱这群孩子，她们有若一汪清泉。

故事四：我在下蛋。

我们班有个小朋友叫一辰，进餐时大家都坐好了等待发餐。他也不坐下，也许是想起了童话里的故事，他站在那儿模仿老母鸡发出"咕咕声"。

为了提醒一辰，我对班里的小朋友说："小朋友安静了，唐一辰小朋友要学母鸡妈妈生蛋宝宝了。"并把边上一个筐放在他屁股底下。可一辰没坐下，他继续站着，"咕咕""咕咕"。

我笑着数起数来："一个蛋，两个蛋，三个蛋。"原本是要配合一下一辰小朋友的表演，没想到身后一个身影"嗖"得跑过去，是一位小朋友按捺不住，偷偷跑去检查那个筐。结果她失望而归："怎么一个蛋都没有啊？"

"一辰小朋友，老师问问你，生了这么半天的蛋，怎么一个蛋宝宝都没有看见呢？小朋友都着急了。"

"鸡妈妈就在家里下蛋，她不在外面下蛋。"

"那你的蛋呢？"

"我的蛋在家呢。您等我放学回家后，找找那蛋在哪儿啊。找到了明天送给您。"一辰回答。

他的"模仿秀"棒极了，反应也十分敏捷，真是一个古灵精怪的小男孩。

故事五：请叫我陆老师。

我们班上有个女孩儿叫小雨石。这天午休过后，其他小朋友都进屋吃水果了，只有她歪着脑袋，坐在睡眠室不动。

“雨石，快出来了，水果时间到了。”我呼喊着小雨石。这时她才走出来，一脸神秘的表情：“老师，我在床下发现了一个漂亮的发卡。”

“那你把发夹捡起来吧。”

“捡起来了。”

“在哪儿呢？”

“我交给刘月了。”刘月是我们的保育老师，一听我就乐了：“行啊，雨石你真棒，都知道老师叫什么名字了。咱们班有两位刘老师，以后你就不混淆了。”

吃完水果之后，又出现了一个新状况。小雨石坐在小朋友的面前，面无表情。“雨石，你为什么坐在这儿不去活动室呢？”我好奇地问道。小姑娘还是一声不吭。

为了给小雨石加点儿燃料，我灵机一动，向小朋友宣布：“大家吃完了吗？我现在请陆老师给你们上课了啊，陆老师今天要给你们上一节课。”

小雨石这才来了精神，派头十足地用小手指着大家说：“都别说话了啊，我要上课了。”原来，小雨石喜欢的，就是这个范儿啊。

晚上收拾东西准备放学时，我对雨石说：“雨石快背书包了，一会儿咱们要回家了。”

她的表情，又变得特别不高兴，仰着脑袋特别严肃地“抗议”：“你不要叫我雨石，我不叫雨石，请你叫我陆老师。”

“好的！陆老师，我说咱们背书包回家行吗？”我今天要与“陆老师”配合到底。

“行！”小陆老师这才眉飞色舞起来，欢天喜地地回家了。

故事六：我住在妈妈的弹弓里。

一天我们班小雨泽神秘地跑来问我：“王老师你知道我原来住在哪儿吗？住在妈妈的肚子里。”

“那你在哪个位置呢？”我想逗逗小雨泽。

“我住在我妈妈的弹弓里。弹弓里有一座小房子，我就在那里待着，在那里吃饭，还在那里游泳，游着游着我就长大了。长大了妈妈的弹弓就盛不下我了，我就这样出生啦。”

我看着小雨泽，惊奇于他的想象，他的描述，妈妈怀孕的过程，孩子在母腹里成长的9个月，小雨泽说得一丝儿也不差。看起来，以后学生命科学课的时候，小雨泽一定事半功倍了。“只有一点，宝贝，老师要‘补充’一下，妈妈孕育你的地方，不叫弹弓，那可是小哥哥用来打麻雀的玩具。请记住它大名鼎鼎的学名——子宫。”

故事七：你学习超能力怎么不跟我请个假？

有一天，我上午出去有事，在孩子起床的时候刚好回来。一推开门，发现我班上叫腾腾的小男孩，迷迷糊糊地看着我。待认清了是我后，他的小眼睛瞪得圆圆的，紧接着蹦出一句让我意想不到的话：“老师你上午干吗去了，你怎么不知道跟我说一声呢？怎么不知道请假呢？”

看着他那一本正经的样子，我实在绷不住，乐了，继而对他说道：“我出去学我的超能力去了，我本想跟你请假来着，但我来幼儿园的时候有点儿早，你还没来呢。现在给你请假行吗？”

“那好吧，我原谅你。”腾腾还是一本正经的样子，但多了一丝好奇，“你说你去学超能力了，那你学得怎么样啊？”

“我学得可好了，我们超能力老师还表扬我了呢，给我打了一百分呢。”

孩子这时才彻底解除他的“封印”。他咯咯地笑起来，就像真的看过了一场魔法剧团的精湛表演，晶莹闪亮的眼珠有如一块黑曜石。他抱住了我，给我一个大大的奖励：“不错，看来你表现还挺好嘛，来，拥抱一下。”孩子把这当做最高的奖赏。因为平时如果他们有什么事情干得特别漂亮，我们也是这样表扬他们的。

这拥抱的感觉多么甜美。他把我带回了童年。森林，雪天，他是熊宝宝，我是熊姐姐，我们一起捡到了彩虹糖，这是通往神秘王国的密钥，我们高兴得来了一个拥抱……

老师和孩子是平等的，我与孩子们在一起的时候，把自己也当成一个小孩儿。一个小朋友的快乐总是孤单，两个“小朋友”在一起，幸福指数加倍……

故事八：老师你的眼睛里怎么有一个我？

我们班有一个男孩儿，叫洪洪，有一次在户外玩时，洪洪在我前面左一圈，右一圈，转来转去。“你怎么总围着我转啊，洪洪？”

“我特别喜欢你，我就想围着你转。”他乐呵呵地回答。

又转了两圈之后，洪洪停下来，出神地凝视着我的眼睛。他似乎有了发现，特别兴奋地对我说：“老师，你眼睛里怎么有一个我啊？”

解释得太“科学”太“严谨”了，反而不美，于是，我来了一个写意的抒情的回答：“因为我喜欢你，我的眼里就会有一个你。”

洪洪的高兴不言而喻。我没想到的是，他真兴奋地跑去把班上所有小朋友的眼睛依次观察了一遍，回来后特别认真地道出他的新发现："老师，你知道吗？咱们班小朋友眼睛里都有一个我，是不是证明大家都特别喜欢我？"

谁能不被这样的童真与热情感染？"对，大家都喜欢你。"我也快乐地答道。

在这番对白几天之后，孩子们在盥洗室里玩水，他们还没有节水的概念，只顾着尽情嬉戏，却没有注意到，珍贵的水资源哗哗地流淌掉了。目睹这一场景，我心疼之极，对大家说道："孩子们，你们觉着这样做对吗？如果珍贵的水都被我们浪费掉了，小河就会枯竭。小河里没有水，小鱼儿怎么办？小鱼儿都会变成鱼干了。"

"老师，以后我们不会再浪费水了。"洪洪站出来主动说。

既然他们意识到了错误，我就不打算多说什么了，转身准备离开。没想到洪洪突然说道："老师，您能蹲下来吗？"

当我依言蹲下来之后，他紧紧地抱着我的脑袋，出神地凝视着我的眼睛。都说孩子是一个发光体，是璀璨的晶石，那时，我真的有一种"错觉"，洪洪的眼睛在发光，有一个对他而言很重要的问题，纠缠着他，他一定要找出答案来。

"老师，你的眼睛里竟然还有一个我，我都犯错误了，你的眼睛里怎么还有一个我？你还是喜欢我吗？"

呵呵，小傻瓜啊！于是，我爱怜地把他抱起来，轻轻地告诉他："虽然你犯错误了，但是你知错能改，老师还是喜欢你。在老师的眼里，洪洪永远都是一个好孩子。我永远都会喜欢你。"

我们的名字是“汇佳造梦师”

在电影《私人定制》里，有一群人叫“造梦师”，负责心愿规划、情境设计和梦境重建，帮助人们实现庸常人世里难以实现的梦想，把坚硬的现实变成可口的蛋糕，曼妙的梦境。

对孩子们来说，何尝不需要这样的梦境？

大雾弥漫的清晨，

世界都隐藏起来了，

孩子在晨曦中出发，

也许，这雾，不是雾，是梦。

一个玫瑰花蕾、白马、海盗船与神仙咒并存的幻境。

某种程度上，汇佳幼儿园的老师，也是造梦师。她们要为孩子设计一个梦一般的童年，要把幼儿园变成特别有趣、特别有爱，还能传授知识和能力的地方。

她们是怎样一群人？

二 比弗瑞丝还神奇的教师

我常常骄傲地把汇佳在业界异军突起的重大原因，归功于我们的老师。她们是汇佳精神的实践者与开拓者。她们不仅具有与所有幼儿园老师一样的共性——热爱幼教事业，还有一种为常人所不及的本领——“特别能探究”的精神。汇佳要培养思想活跃、有创造力与探究热忱的儿童，老师不“身先士卒”“以身为范”怎么行？

阳光明亮的一天，关于“钱币在我们的生活中发生了怎样的作用”主题活动在幼儿园进行。殷老师温柔地向孩子们提问：“我们都知道不能浪费水、浪费电，那么，我们手中的钱，可以随随便便使用吗？”

“我们也不能浪费钱。”乐乐说。

“我们要少花钱。”尚尚说。

接下来，老师又启发式地问幼儿：“那我们怎样才能不浪费钱呢？”

“不要买太多东西。”

“不要买太多玩具。”孩子们给出回答。

完成了循循善诱的头两步，第三步，按我们老师的设计，就是请幼儿们去“银行”取钱了。我们规定，每个小“储户”只能从银行里取10元。这个环节，能观察到幼儿能否对手中的钱，进行合理的规划，还能教她们一些简单的运算能力。而取完钱之后，便是去“商场”消费了。顾客小霏去购物时，她问售货员啸啸：“这个迷宫多少钱？”啸啸答道：“两块钱。”小霏又问啸啸：“这个拼图多少钱？”“4块钱。”小霏想了想，掏出2元钱，说：“我想买这个迷宫。”

……

“通过这次活动，有的孩子能够思考到钱币的使用价值，有所取舍；有的孩子，却还没有过多考虑如何合理利用手中的钱。但孩子们参与的兴趣都特别高，他们分别扮演了售货员、顾客和小小银行家的角色，获得了快乐的体验。对钱币在生活中的作用也有了基本的认识。”殷平老师在做教学总结时，分析了她的观察所得。这个极具特色与创意的主题活动，获得了当年汇佳幼儿园优秀案例的二等奖。

老师是探究课程的建构者，也是幼儿活动的引导者、支持者。幼儿能否获得积极思维，对探索燃起强烈的好奇，都与老师密不可分。换句话说，老师的意识到位了，头脑中的风暴形成了，我们的课程，也就成功了一大半。

《神奇校车》里，弗瑞丝老师带着孩子们上天入地，穿越飓风，深入火山，探究种子的奥秘，进入人体细胞……无所不能。现实中，我们汇佳老师的想象力，何尝不是驰骋纵横？她们的思绪一旦“爆发”，如电流般嗞嗞作响，火光四射；又像阿拉丁神灯，孩子，孩子，你有什么愿望，我们来实现吧。

“老师，海洋世界究竟是什么样子的啊？”蔚然小朋友对海洋世界十分好奇。在她的带动下，小朋友纷纷把与海洋有关的书籍和光碟，带到幼儿园与大家分享。于是，老师决定开展一次“海洋世界”的主题探索活动。

在活动开始时，先是一堂分享课，幼儿们把对海洋的感性认识，一一拿来交流。有人分享了去海南旅游时的见闻，有人带来了美丽的珊瑚，有的小孩子，则提出有趣的问题：珊瑚是植物吗？海平面是平的吗？随着孩子问题的展开，老师把它们一一写在黑板上，并进行梳理，围绕海洋主题的网络图随之产生。网络图上，包含着老师想要与孩子们分享的问题：对海洋的认知，海底动物、植物，海底现象，海洋污染，以及我们该做些什么。

幼儿表现出的积极性是惊人的，让人难以想象的。他们提出的问题，让人欣喜，如孩子们对小丑鱼很感兴趣：“老师，它为什么叫小丑鱼啊？”“为什么小丑鱼喜欢和海葵在一起呢？”“小丑鱼它吃什么食物吗？”“它有什么好朋友吗？”也有小朋友说：“小丑鱼身上的白纹，好像京剧脸谱中的丑角，所以叫小丑鱼。”您说他这个观察和提炼，是不是叫人惊叹？

在初期的探究课程结束后，一个宏丽的工程又“动工”了。老师组织幼儿，在园区里一起建设一个神奇的海洋世界。孩子们的热情和潜能，如旭日般喷薄而出了。他们合力搬走了玩具，腾出了场地，又兴奋不已地开始了创作。各种质地的材料、塑料袋、矿泉水瓶、纸杯、纸盒、牙签、绳子、画笔、油画棒……他们积极组合着各种工具，化“腐朽”为神奇。美丽的海洋世界，小丑鱼和珊瑚自由摇曳的世界，就这样横空出世。

类似的课程每天都在汇佳上演。下一步要“上演”什么，也不知道。造梦师们又开始行动了……

二 小温温，你可以做我的新娘吗？

汇佳的老师各有所长，一身本领，最重要的是孩子们都喜欢她们。到底有多喜欢呢？

有小朋友喜欢到竟然要娶老师为妻。

有一位温姓老师，童心未泯，喜欢与孩子们打成一片，完全没有老师的架子。从孩子们对她的称谓，你就可以知道她与孩子的亲密度了——“小温温”。

温老师的班里有个神童叫迪迪，四岁。小迪迪的身体很健康，只是在动作协调性方面有一点点不足，走路姿势很特别，有些一瘸一瘸的。迪迪刚来的时候很腼腆，好在温老师教导有方，现在的迪迪相当活泼。

迪迪的特长是唱歌，最拿手的是时下的流行歌曲，嗓音纯净，音域宽广。听过的人一致反映：听迪迪唱歌是一种享受，这孩子是唱歌方面的天才，以后在这方面重点培养一下，肯定是前途无量。

迪迪在班里有不少小粉丝。有一次，几个粉丝围着迪迪在聊天，谈笑风生，话题似乎很有意思。这时温老师正好进来，因为好奇，就走近了听听他们到底在聊什么。

让温老师万万没想到的是，话题的中心竟然是迪迪长大了要娶温老师为妻。温老师在惊讶之余，也为这孩子感到高兴。蹲下来跟迪迪说：“那行，等你长大了就来娶温老师。可是，如果到那时候温老师老得丑得实在不行了，那怎么办呢？”是啊，那可怎么办啊？迪迪一下子陷入了沉思。一会儿他就有了答案：“不行，我长大了一定要娶温老师，即使老了也得娶！”

回到家，迪迪把这件事告诉了爸爸，爸爸听罢哈哈大笑。第二天，看见温老师还提及这事，说“没想到孩子这么喜欢您”。温老师也抿嘴乐了，因为这是孩子所能给予的一种特殊的荣耀。从那儿以后，迪迪见到温老师连“小温温”都不叫了，开口就是“新娘子”。温老师呢，索性叫他“新郎官”。师生关系处到这个份儿上，可谓天下一大奇观。

二 宝宝，到老师妈妈的怀里来

跟其他家长一样，宾宾的妈妈当初选择幼儿园的时候也是经过了好多周折，多方考察比较，比软件，比硬件，比教育理念，等等。除此之外，她最看重的还是“孩子喜不喜欢，他会不会快乐”。如果最后这条达不到要求，那么所有的软件、硬件、教育理念都是没有意义的。宾宾妈妈当时“把周边的幼儿园看遍了”，最后选择了汇佳。

如今，宾宾入园半年了，种种迹象表明，孩子是真的喜欢这里。宾宾妈妈印象最深的就是每个周末孩子醒来的第一件事就是要去幼儿园。如果妈妈说今天是周末，所以不用去幼儿园，宾宾就一脸失望地问：“为什么呀？”妈妈不得不解释说，因为今天大家都休息，老师忙了一周会很累，当然也要在家休息了。

解释归解释，妈妈心里是无比欣慰的。孩子之所以喜欢汇佳，肯定不是因为它有漂亮的教室和玩具，甚至也不是它的国际化教育理念，因为孩子现在还不懂这些。孩子喜欢汇佳是因为这里有像妈妈一样的老师，有和妈妈一样的关怀。

宾宾刚入园那天的情景，宾宾妈妈记忆犹新。宾宾跟大多数孩子一样，分离焦虑特别严重，其他的小朋友都在玩游戏，只有他在一旁不停地哭。妈妈因为担心并没有离开，就在不远的地方不安地守望。这时宾宾的英语老师走了过来，蹲下，把宾宾抱在怀里，让宾宾坐在自己的腿上，还用充满母爱的手轻轻抚摸宾宾的头发。这个简单的动作还真神奇，宾宾的情绪马上就平静了下来。这个画面也深深地印在了宾宾妈妈的脑海里。

当然，妈妈的意外收获还不止于此。来到汇佳幼儿园没多久，妈妈发现宾宾喜欢唱歌了，无论何时何地都能又唱又跳，并且不是刻意要唱给谁听、跳给谁看，就是自己开心。妈妈就知道了，这是孩子表达快乐的方式，只有身边都是像妈妈一样的老师，孩子才会流露出发自内心的快乐。那样的环境肯定需要每一个老师都用心去营造。

事实上也是如此。每天起床之后，妈妈都要让宾宾喝一杯牛奶，此前很长一段时间，宾宾都不情愿喝这个东西，总要耍些小性子，抵触情绪很严重。突然有一天起床之后，宾宾竟然主动找妈妈要牛奶喝，这竟然是受到了外教老师的影响。

原来，昨天在外教课上，老师教小朋友学习两个单词，“高”与“矮”。为了让小朋友们更形象具体地体会这两个词的含义，老师站出来与小朋友们比身高。孩子们站在外教老师身边，抬头仰望，羡慕得不得了。后来外教老师就问小朋友们，你们想不想长得像老师这么高？小朋友们齐声说想。老师就说，想长高其实很容易，只要不挑食，多吃一些利于长身体的食物，比如每天喝一杯牛奶。

宾宾一下子就记住了，之后每天早起喝牛奶就成了很自觉的一件事，再也不用妈妈操心了。“以前可是想尽了各种办法让他喝，现在外教老师在课堂上捎带着就轻轻松松解决了。”说起这事来，妈妈的开心就溢于言表。

二 苗老师的眼泪

汇佳幼儿园在固安孔雀城开设了分园。自从开办以来，其成绩是有目共睹的，从一开始的22个孩子，不到一年时间就发展到5个班，很多家长都是慕名而来。作为一个外来的幼儿园，能有这样的成绩，其中的辛酸大概只有园里的老师们自己知道。汇佳的老师们，在外人看来一个个都那么优秀、和蔼，她们的心理素质应该强大无比。很少有人知道，这些善良的老师们也有脆弱的时候。对此，东东妈妈的了解是十分深刻的。

东东是个淘气的小男孩，分班的时候，妈妈就跟班里的刘老师沟通了很长时间，最后还是决定让他上大班。因为比别的孩子小一点点，在各方面就会有差距，老师就得格外照顾一些。尽管如此，那天玩游戏的时候，东东还是不小心磕碰了一下。

东东的情况有点儿特殊。他是家里的老三，上面有两个姐姐，大一点的姐姐已经在国外参加工作了。妈妈今年四十七，就这么一个宝贝儿子，托付给了汇佳。孩子出了状况，苗老师身为园长，感觉是自己的工作没做到位，心里愧疚得不行。东东妈妈把比自己生命还重要的宝贝交给自己，而自己却没能照顾好，这就不是简单的失职问题了。苗老师越想越难受，忍不住哭了起来。

那天，东东妈妈一到园里，苗老师就表达了自己十二分的歉意。东东妈妈倒是个通情达理的人，她说："孩子还小，磕磕碰碰总是难免的，我也相信园里的老师都已经尽力了，你们做得非常好，别往心里去。我作为妈妈也有失职的地方，孩子本来年龄就不够，我平时跟您沟通也少，这是我不对的地方。"

两个人就在这种友好融洽的气氛中聊，聊得相当投机，中途就聊到各自的感动，那场面，任谁看了都会动容。两个人从吃完中午饭开始，不知不觉一直聊到天黑。东东妈妈后来才知道，那天是苗老师老公的生日，苗老师都没顾上早点儿回去给老公做一顿好饭。

过了几天，是园里安排的"家委会"，以前东东妈妈因为工作忙很少参加。这次因为心里有话说，特意早早地就来了。

在这次家委会上，苗老师真情流露，说起自己的身世。原来，苗老师是个弃婴，现在的爸爸妈妈跟她没有任何血缘关系，在成长的过程中，经历过贫穷困苦和很多的挫折。正因为有过切肤之痛，苗老师把从事幼教这个职业当作自己最大的幸福，她虽然没有孩子，但她把园里的孩子都当成自己的孩子去对待。“哪个孩子在我手里出现什么闪失，我都觉得特别愧疚，我宁可受伤的那个是我自己。我最感动的是我们这些通情达理的家长，包括东东妈妈，因为你们的理解和支持，我们才有这么好的今天，才有家园共育的成功。谢谢你们！”听苗老师几近哽咽说完这些，在场的家长们无不感动。

汇佳更像是一个平台，老师们通过这个平台把正能量传递给家长，家长们也通过这个平台把支持、理解传递给老师。正是在这种氛围中，各种感人的故事才会不断上演，苗老师的眼泪正是这些故事的代表。

汇佳保障：修“内功”的幼儿园

一 把幼儿园变成魔法城堡

汇佳幼儿园的家长们，往往会与我们分享他们初次走进幼儿园的感受：这是幼儿园吗？这是魔法学院还是爱丽丝梦游奇遇记？在家长们看来，这里无论是整体布局，还是细微的细节，都给人赏心悦目之感，既魔幻、唯美，又洋溢着绿色生命的气息。对孩子们来说，这种感觉尤为鲜明。

如当您走进万泉国际园，会看到地面上印着很多的小脚丫。但与一般家庭使用的瓷砖图案不同，每一个小脚丫都来自园里的孩子，每个人一个，具有绝对的原创性。当小朋友站在上面的时候，老师就会提醒孩子们：“你感觉到自己有什么变化了吗？”或者让孩子们问问自己：“我是谁？”孩子们会通过这些小脚丫，看到自己的成长过程，又直观又明了。

所以，汇佳幼儿园花费这么大精力弄这些小脚丫，也就可以理解了，但园里环境的美妙远不仅此。可能在大人眼里，这里是一个充满艺术感的所在，但在小朋友的眼里，这里更像是一个充满魔幻的城堡，可以慢慢体验成长的快乐。

园里展示最多的，既不是各种花草木石，也不是各种玩具乐器，映入眼帘的是孩子们的画作—— 一幅幅各种各样的有创意的画，这每一张画都记录了孩子们的游戏学习过程。这里是孩子的天地。

比如，孩子们画的绿植大都是用塑料和丙烯完成的，体现了幼小心灵对事情的理解。孩子经常站在这里跟妈妈说，你看这片大森林，多美呀！孩子们去旅游，把看到的事情用画笔记录了下来，孩子们说，我们喜欢旅游，我们是敢于冒险的人。最好玩的是，有些孩子的画还体现了他们的原则。小朋友会解释说，“我是有原则的，我的画一定是我自己画的，别人不能帮忙，这叫按照原则做事情”。这就是孩子们的诠释——有原则的人。

但稍微细心一点儿的人会发现，楼道里放画的边框其实都是用边脚料做的，看得出老师的用心，红黑的色调，呈现中国风，艺术感觉油然而生。楼道里孩子们的画、各种的创意作品越来越多，家长们多次找园长建议拍卖，家长好买回家收藏。

在一个个自然的树杈上，挂满了孩子们从家里带来的小玩意儿、小宝贝，不分时间，不分季节。在这里，什么类型的东西都有，有小朋友创意手绘的小T恤衫，用月饼盒里制作的小饰品。有的小朋友甚至在冬天挂一个百褶扇，只是因为他喜欢。

读书区，也是一个梦幻的孩子乐园，这里装饰了台灯、吊灯、射灯、壁灯，各种各样。根据不同的室外光源情况，搭配打开不同的灯，带给孩子不同的感受。其中最奇妙的一个灯，叫做关不了的日光灯。因为这种灯饰就是照进来的太阳，孩子们一进来以后就会有种沐浴阳光的明媚感觉。这里有沙发、地垫、小鸟屋，还有孩子们喜爱的秋千，孩子们在这样的乐园里读书好惬意！

而在汇佳北欧园，尽管空间有限，园长和老师们却见缝插针，把它布置得精致玲珑。园里专门开辟出一个4平米左右的空间，布置成一个古色古香的“茶室”。孩子们席地而坐，就可以品味到醇厚的香茶，这既结合了北欧园所在的马连道茶城的特色，也让孩子涵泳于中国古典文化的韵味之中：

“茶，

香叶，嫩芽，

慕诗客，爱僧家。

碾雕白玉，罗织红纱。

铫煎黄蕊色，碗转曲尘花。

夜后邀陪明月，晨前命对朝霞。

洗尽古今人不倦，将至醉后岂堪夸。”

老师们经常跟孩子们说的一句话是，这个园是你们的也是我的，大家要一起来使用自己的魔法，去好好装扮我们的家。

确实，园里环境的创意是在不断更新。等秋天来了的时候，老师们会给贴在墙上的塑料树添点儿黄色。秋意渐深，再加上点儿红色，叶子变了。再往下，可能就要涂上点儿霜色，变成圣诞的气息。一叶能让顽童而知四季春秋。这正如悬挂于幼儿园里的画作，每年，画的主题和画风都在不停变化，诉说着孩子们的成长，也诉说着幼儿园涓涓流淌过的岁月……

三 一千零一“页”

有的时候，小朋友活泼好动，经常因为排队的事情很让人伤脑筋。比如，一个孩子刚刚听话站好了，另一个孩子又蹦到其他地方去了。但有一天，孩子们特别懂规矩，排队的时候，小朋友们会互相招呼着一个挨一个。其实，这只是因为一本书的影响。

在一次交通主题活动中，老师们根据孩子们的兴趣，专门投放了一批书籍。其中有一本《鼠小弟的小背心》，故事很简单，但因为里面全是精彩的图片，又好看又好懂，一下子吸引住了孩子们的目光。里面有一个故事讲到，小鸭子排队的时候要一个一个走。有的小朋友看完后，本来喜欢到处玩耍，排队的时候也不会跑了。他还会告诉其他小朋友，要像小鸭子一样一个一个排队。

这个事情启发了老师，图画不仅可以发展孩子的想象力，还可以起到一个教育激发的作用，孩子们很容易就听进去里面讲述的道理了，而且能够理解。在汇佳幼儿园，这样精心挑选的图画书数量庞大而且还会定期增加，甚至里面有很多的英语图画书。比如，有一本网上都买不到的《苹果派》，里面的知识量巨大，孩子们通过它就能环游世界。

书籍的选择，折射的不仅是汇佳幼儿园的教育理念，还有他们要给孩子们灌输的价值观。比如，最近一直很受欢迎的《喜羊羊和灰太狼》，园里就拒绝引进。老师们的观点是，不能让孩子们以为应该让那个红太狼总是去打灰太狼，这种价值观是不正确的，他们更愿意让孩子们去看海绵宝宝或辛普森，通过轻松幽默的故事，让孩子们慢慢体会那种人和人之间的温馨。

藏书都这么丰富了，老师们还是觉得不够。园里专门开设了分享日，每周举办两次分享阅读活动，鼓励孩子们都把家里的好书拿来跟小伙伴们一起分享。一个小朋友拿来的一套《地下一百层的房子和地上一百层的房子》，里面是上下开页的。一页一页翻的时候，能看到这个都是第多少层，一层一层揭开神秘面纱。不同的楼层有不同的故事，住的是什么动物，这个动物的一天怎么过，他的家里边有什么，孩子们特别喜欢。

汇佳幼儿园不仅收藏着大量优质的童书，阅读区域也设计得非常别致，特别受孩子们喜欢。园里读书的地方是分区域的。有休闲式的，孩子可以躺在那看书；有私密式的，孩子可以在自己喜欢的独立空间静静看书；有玩耍式的，孩子可以坐在小摇篮里边玩边看，孩子们别提多惬意了。

不同年龄段的孩子，年龄特点和兴趣点不一样，阅读能力也是有差异的，这时候园里又用上了延伸阅读。在老师们的理念中，所有的教育内容都是可以延伸的，绘本的阅读就可以跟课外的实践活动相结合。

有一次，老师带着孩子们看了一本叫做《环游世界做苹果派》的书，里面告诉了小朋友如何制作苹果派，读完以后老师们就带小朋友去制作，孩子们兴趣特别高，而且学得特别快。在园里的大班里，会专门摆上一个“探究桌”，上面有一些可以操作的材料，可以让小朋友一边看书一边去操作。比如，书里会提到现在中学物理化学课程中的简单案例，两三种物质结合起来，就会发生一些变化，小朋友每次都玩得兴高采烈。

对于大一点儿的孩子来说，他们甚至会去学着理解一些大人们思考的哲学问题。有一个才4岁的小朋友陈牧天，喜欢看一些科幻类的

图画，每周都要看一批新的绘本。现在，陈牧天特别关注图书里说的飞机造成污染之类的问题，甚至连人的生死、生命的延续这种特别深奥的东西，都要缠着老师给他讲，而且还听得特别入神、特别认真。

说起孩子们读书的成绩，可能会让许多人大吃一惊，因为有的孩子甚至可以称得上“知识渊博”。有一个中班的孩子子渔，不但记住了老师所有教给他的字，现在竟然开始抱着《三国演义》看。甚至上个厕所都要抱着那《三国演义》不停地翻。

现在，社会已经进入了大数据时代，信息量会越来越多，孩子需要获取的资讯必然要比上一代丰富，而阅读无疑是最重要的获取手段。汇佳幼儿园的理念是，努力培养孩子自主阅读的习惯，通过阅读给孩子们打开一扇窗，从而引领他们顺利迈入这个世界，这会影响孩子们一生的发展。比如，老师们带领孩子们看完环境保护的图书后，孩子们会主动收集生活中的废旧物，进行再次利用的小制作活动。类似的事情会对他们的价值观产生深远的影响。

二 食不厌精，脍不厌细

汇佳最大的特点是开放办园，园里的一切，对家长们从不保留，可以说是来者不拒。众所周知的汇佳“开放日”让很多家长认识了一个真实的汇佳。

最初，我们考虑到孩子们的就餐安全问题，食堂是不对外开放的。后来就有家长说了，食堂也让看看呗，民以食为天，孩子的吃饭问题也是我们关心的大事。既然家长有这个需求，那这个事就得重视起来。经过园里研究讨论，大家觉得既然自己各方面做得都很好，就不怕家长们看。

来参观品尝的家长都挺有意思。有的说，饭确实好吃，就是太少了，不管饱，园里有点儿“抠”。这当然是开玩笑。有的家长参观完了会有疑虑，你们幼儿园是不是在做秀，是不是只有我们来的时候你们才把饭菜做得好一点儿？我们告诉家长，这开放日连续一个星期，这一个星期里，你随便哪一天那一顿饭来都行。再说了，我们也不是就开放这一次，你多来几次，看看我们到底是不是在做秀？这位家长来了几次之后，发现饭菜的质量很稳定，总是那么丰富、可口、卫生，就彻底打消了自己心头的顾虑，孩子有这样的就餐环境他们也就放心了。

还有一位家长提到，那个太阳肉他也很感兴趣，还有那个焖酥鱼，既好吃又补钙，骨头也能吃，不会扎到孩子的嗓子，特别安全，能不能让我们的厨师传授一下做这个菜的技巧。园长说行啊，那就让我们的厨师开个培训班。

更有甚者，孩子都从汇佳幼儿园毕业、上小学了，家长又回来找到园长，说孩子在汇佳的时候一日三餐全管，吃得还很好。上了小学之后，早餐得自己做，中餐就在学校吃个简单的盒饭，晚餐还得自己做。因为孩子正在长身体，家长担心自己做不好，影响孩子的健康，就找园长商量，我们食堂食谱上那些菜都很好，能不能给他们做个培训。园长是有求必应，来过汇佳就永远是汇佳的朋友，不管你离开多久走多远，在你有需要的时候，汇佳的美食培训课永远欢迎你。

美食培训课开办了一阵子，又引出了更有意思的“家长美食沙龙”。培训课上，家长只能学到理论知识，这个美食沙龙就不一样了，有的玩还有的吃。家长们聚到一起，每人分享自己做的一道菜，让大家先吃后评还要打分，看谁的菜最有创意最美味，得分最高的获胜者还能获得“汇佳美食奖”。最近一次美食沙龙的主题是披萨，家长和孩子一起动手制作，互动性特别强。别小看这个披萨，它的发挥空间太大了，孩子们的想象力也丰富，做起来真是花样百出，笑声不断。

汇佳魅力食堂，越做越火，竟在园外也“闯”出了名堂。一次，幼儿园附近有庙会，园里就请家长过来一起制作饼干蛋挞，做了几百份，第二天拿到庙会上卖，一下子赚得盆满钵满。甚至当地有商家都看眼红了，还邀请他们到店里制作，真是名利双收。

别小瞧这里，虽是厨房，却卧虎藏龙，除了各位本领高强的厨神，还有一位园长，以“一眼测”的神通著称。这源于园长的一个习惯。几乎每天早上7点钟，她就会出现在食堂，一边漫步，一边观察当天送来的饭菜和水果，一眼就能看出食材的质量高低。

其实，汇佳幼儿园很早就有严格的食堂管理制度，这位园长只是担心会出现哪怕一丁点儿的纰漏，毕竟孩子们的身体很娇嫩，可经不起折腾。在园里，根据孩子的年龄分段，怎么做饭都有着一套严格的标准。比如，选的土豆要控制在多大公分范围之内，胡萝卜切完了每块大概是多小，每块肉的直径范围应该是多少，甚至青菜拿盐水要洗几次都有明确的规定。

在这些制度当中，最有名的要数膳食分析制度了，包括膳食计划、优化食谱、营养评估等等。园里根据春夏秋冬四季变化，确定膳食的供给量和供给种类，再配备上专业的厨师，三菜一汤、两菜一汤基本上是色香味美，孩子们往往看着就流口水。

翻翻园里的膳食计划，内容之详细那也不用过多描述了，按照营养学来说，每个孩子成长期必须确保的供给量，谷类、菜类、肉类、副食还有菌藻类的东西，十分充足。但孩子们消耗的总量也是有严格控制的。比如说，一餐100个花卷中，最多只能剩余5%。

食谱上的每一样美食，及每天的搭配，也不是件随随便便的事，那精雕细刻的程度，真是拿出了御膳房般的敬业虔诚。这不是说把孩子当小皇帝一样娇宠供奉，而是全园上下都有这样的共识，孩子就是祖国的未来。起码从这一代起，从汇佳的孩子开始，再也不能让世人有中国孩子体质太差的印象了。因此，做汇佳的膳食搭配师，是件“很受折磨”的事，菜样搭配不合理不行，蛋白超过限额了不行，热量超过限额了也不行。园里拿到食谱后，还要进行微机分析，蛋白质、各种维生素以及锌铁钙的含量，一一合格才过关。

孩子们快乐地品尝完了美食，也不代表这份食谱的使命终结。保健室还要搞一个膳食小结，继续调整，如分析得知动物蛋白和豆类蛋白属于优质蛋白，两项加起来是不能超过总摄入量的50%。否则，对孩子们的身体不但没有太多帮助，对他们的肾脏反而变成负担，那食谱上的搭配就要调一调了。园里奉行的理念是，孩子们的营养不但要达标，还要合理，那就得不断地调整、调整。

但是，再好的美食也会有吃厌的时候。怎么确保孩子的营养充足呢？老师们的办法就是，每月按照计划组织定量的体育活动，让孩子们的身体成长与饮食互为促进。在园里老师的安排下，孩子们每天进行两个小时的户外活动，其中一个小时是体育活动，有慢跑啊，双脚跳啊，平衡木啊，投掷啊等等，小朋友们一边玩得高兴，一边习惯性地做着运动前的准备活动。运动量大了，长身体需要的能量多了，孩子们的食欲自然也就上来了。

汇佳幼儿园的膳食管理，要求的是八个字，食不厌精脍不厌细。园里每个月给孩子们称一次体重，每三个月测一下身高，可还是有个别的小朋友体重不受控制。那又怎么解决呢？园里会根据体检情况灵活处置。每年会给小朋友们安排两次体检，包括内科、视力、口腔等比较全面的项目，还会应家长的要求去检测一下孩子的微量元素。果然，那些小朋友不爱吃东西的原因被一一检查出来，有的是血清素过低，有的是得了龋齿。

一发现这些问题，保健室就要立刻建立卡片档案，对这些孩子的情况进行重点追踪记录，以便班里的老师对这些肥胖儿和体弱儿进行管理，采取一些相应的干预措施。

汇佳幼儿园一直觉得，孩子们将来无论从事何种职业，都要有一个棒棒的身体。因为没有好的体能从事任何职业都难以为继。这是大家共同的责任。至少，汇佳幼儿园正在努力。总有一天，孩子们会离开汇佳的校园，但他们不会忘记汇佳，童年的味道会一直与他们相伴。

Engagement استقام
Indépendance
Independencia
Entusiasmo 热情
Confiance en soi
Cooperación
合作 مستقل Curiosity Coopération
Enthousiasme حماس Apreciación
معرفة Creativity 自立 ثقة
Independence Empatía
Tolérance
شامل 欣赏 Respeto تعاون
承诺
求知 Créativité خلق Respect

1.汇佳，生日快乐
2.客人们很喜欢我们的礼物
3.老师，我们是不是很棒？

多国多文化，一个快乐的大家庭　Mor Yiying　6岁　汇佳三元桥园

第四章 面向未来的汇佳国际教育

汇佳教育机构引入了国际文凭组织小学项目教育理念，并开设有多家国际园，将新型教育理念与传统文化融会贯通。这一国际文凭组织为3至12岁学生设计的新型教学体系，不仅关注书本知识，更强调学科交叉的项目，旨在培养乐于探究、善于思考、善于沟通、敢于冒险、知识渊博、原则性强、关注他人、思想开放、平衡发展、善于反思的终身学习者。

应对现实需求，培养面向未来的“国际型儿童”，是我们汇佳人的目标……

培养面向未来的“国际型儿童”

＝Nancy的“百宝箱”

四五岁的孩子们已经会噼里啪啦使用百度搜索答案了？

在汇佳，这不是什么新鲜事。就像我们三元桥国际园Nancy老师说：“都说赢在起跑线，但我们所追求的‘赢’，其内涵截然不同。今天的孩子们，将面对的是一个以后连大人们都不知道为何的变幻无穷的世界。我们要教给孩子什么？还是固定的知识点、固化的思路吗？”

Nancy给孩子们的，是一个神奇的工具盒，那工具盒里，装着我们想传授给孩子的“终极方案”。如何让孩子对幼儿园生活产生兴趣，在兴趣的基础上学会一些本领。这是外籍老师Nancy“走马上任”以来想得最多的问题。

活泼好动、注意力短暂，是孩子们的天性。摁着牛鼻子喝水，可不是什么高招儿。Nancy老师琢磨出的规律是：“一段时期内，在某个特定的主题里面，孩子们会有一个兴趣点。如果他们觉得这个主题一点儿意思也没有，他们肯定就没兴趣了。”

以一个什么样的主题日闪亮登场？经过前期调查，Nancy老师和同事们找到了一个突破口：中国的孩子们对圣诞节感觉新奇又陌生。熊熊燃烧的壁炉啊，圣诞大餐啊，神秘的小礼物以及面向圣灵的祈祷……孩子们只有这样一个模模糊糊、似懂非懂的印象。

行了！有方案了！接下来的几天，Nancy变身为夜行人。晚上，孩子们被爸爸妈妈接回家，她和老师们待在园里忙忙碌碌。白天，孩子们一来园，不由自主地愣住了：天哪，幼儿园怎么变成《铃儿响叮当》了？那是Nancy和老师们通宵达旦不眠不休的成果。她们“修建”了一个童话般的幼儿园，调皮的驯鹿在雪地上奔跑，憨态可掬的圣诞老人爬上了墙壁。精美的挂灯，如星星般在圣诞树上轻轻晃动，给园区平添几分热闹的节日气氛。

“明天，还有圣诞礼物哦。”

小朋友们高兴地在园区里蹦蹦跳跳，急不可耐地期待着下一顿圣诞大餐。

谁知第二天，当孩子们走进幼儿园，更让他们目瞪口呆的画面出现了：天，圣诞老人怎么就站在教室中央？好像还是一位女圣诞老人？她身穿红衣，喜气洋洋，朝孩子们挥动手臂：“孩子们，你们好，我是圣诞老人的妻子，圣诞老人让我代替他到这儿来。因为圣诞老人现在特别累，他忙着做各式各样的玩具，送给世界各地的小朋友们，需要帮助，小朋友愿意不愿意当帮手啊？”

毫无疑问，这位圣诞夫人是Nancy的特邀嘉宾。设计这样的主题日，是因为老师们希望孩子们在尽情地玩耍时，有一个方向：怎样来迎接圣诞节。

国际化的教学体系里，老师和孩子的关系发生了根本性的改变。老师不再是指挥者、司令官，命令孩子们行动，把孩子们变成“牵线”木偶。而是变成“组织”者，引导孩子去探究，激发他们对事物的内在兴趣，进而提升她们的创造力、行动力、分析问题和解决问题的能力。

围绕“迎接圣诞节”的目标，孩子们忙碌起来。他们热烈地讨论如何分工，绞尽脑汁思考如何制作出别致的礼物。但孩子们毕竟还年幼，要他们有什么巧夺天工的创意，未免勉为其难。于是，Nancy又在活动区域开了家“想法专卖店”，不卖饼干气球糖果，专卖各式各样的想法。

买到想法后，孩子们还是一筹莫展：以他们的年龄，这些制作方法还是太难。此时Nancy老师的终极杀器——百宝箱出炉。Nancy老师给了孩子们一个神奇的工具盒。里面装满了五个有意思的“法宝”：

1.谷歌（google）。

2.百度(baidu)。

3.书（books）。

4.父母（parents）。

5.教师（teachers）。

“圣诞老人究竟在哪儿工作？怎样找到它？怎样制作这些玩具？小朋友们，工具箱会告诉你答案。”

K4的孩子们选用了百度、谷歌工具。对六七岁的孩子们来说，这些小伙伴儿熟悉之极。他们自小随iPad、苹果手机一起长大。而K2的小朋友们则及时向爸爸妈妈“求援”：

“爸爸妈妈我们接到的任务，是制作一扇有美丽装饰物的门。您能帮帮我吗？”

“当然可以，宝贝！”

孩子们的愿望理所当然得到了满足。

什么是国际化思维？就是永远不给孩子一个现成的答案，而是鼓励他充分发挥自己的想象力，运用自己的创造力解决问题。如果我们直接说出答案，那孩子只会最终的结果，而不是下力气开动脑筋思考这个答案从何而来了。这就不是开放性思维，而是死记硬背了。

把开放性思维从启蒙时期就带给孩子，这正是汇佳幼儿园致力的方向。古人云，授人以鱼，不如授人以渔。过去，互联网还没有诞生，没有微信、百度百科，也没有生活大爆炸，这“默许”了老师的懒惰，允许孩子们读经年不变的课本，学习年深日久的课程。但今天，我们已经身处一条信息、一个新发明就引发飓风效应、改变世界的时代，再用以前的想法去思考现在的问题，就太落伍了。与其授之以鱼，不如教给孩子们思考问题、解决问题的方法。用这种方式培养出来的孩子，将来不管身处何处，成功的几率都比普通人高出很多。

二 今天的儿童

我们身处一个国际化的时代，潮流荡荡，没有人能够例外。汇佳率先秉持国际化的教育理念，培养面向未来的世界公民，是因为我们看到，未来之天下，是少年之天下。而随着互联网经济的发展，以及随之而来的知识的传播力度，人类知识的积累以前所未有的速度提高，也许有关“少年之天下”的概念，还要前移。

今天的儿童，已非昨天的儿童。今天的儿童，可能在六岁就掌握他们的父辈十六岁才接触到的知识与技能。

国外的教育研究者，称今天的儿童为“iPad一代”，这是与高科技装备、智能手机一同成长的一代。他们对智能产品的兴趣和谙熟程度，远远超越于他们的前辈。而国内的研究者，则幽默地称之为“蛋蛋后”，取义于“00后”。

这是我们不能小觑的一代——

因为他们很有可能就是麦考利·金扮演的《小鬼当家》的当代版。

英国伯明翰有一位计算机专家引人关注，他叫威廉斯，两岁就开始使用计算机玩网上游戏。继而他已经不满足于简单的游戏，开始摸索计算机构造，逐渐无师自通，掌握计算机知识及技能。五岁时创立网站，六岁时就参加ECDL（国际电脑使用执照）测试，七岁时已成功通过全部7项测试，成为全球考取ECDL的最年轻的人士之一。

同样在英国，一位叫琼斯的男童，以天才摄影师著称。他常和父亲一起前往野外拍摄，我最爱看他的作品——温暖的阳光洒落于花瓣和大地之上，仿佛人间仙境；浪花好似梨花之雪，优美浩瀚。看到这样的作品，我总是在想，虽然只有六岁，但琼斯情感体验的深度，对这无边苍穹和无尽星空的把握，他观察世界的通道与角度，令很多成年人也自愧不如吧。

像威廉斯和琼斯这样出类拔萃的孩子，只是分子中的分子，但我们不可否认的是，随着互联网经济的发展，特别是手机、Ipad等移动互联工具的普遍运用，孩子们获取知识的途径和速度，以狂飙突进之势发展。这正是我们教育工作者，要面对与思考的刻不容缓的课题。

印度一位科学家做过这样一个试验。他走进世界各地的偏僻山村，这些山村偏僻到什么程度？全村没一个人认识英文单词。他就在这样的山村里，分别安装了一些装有英文操作系统的电脑。然后他离开，把电脑留在当地。半年之后，他归来时发现村里几乎所有的小孩都会使用电脑。

这意味着什么？意味着人学习知识的途径和能力，已经发生了根本性的变革。现在的“00后”，再也不会是以往耳提面命、等待先生垂询的一代。先生先生，知之者为之先生也，但现在，呈现在娃娃面前的，是如此辽阔的世界，这里有因式分解，有英语动画片，有诸子百家、《春秋》《战国》……

把什么样的知识传授给孩子，以什么样的方式传授给孩子，也就成了我们需旦夕思考的课题。

Nancy和国际幼儿园老师的探索，也正代表了汇佳的突围方向。我们所致力的国际化，是面向世界的国际化。如美国时常称自己培养的是面向未来的一代，在其科幻电影以及美国年轻创业者发起的席卷全球的浪潮中，我们也分分钟感受到这一点。作为中国的幼教工作者，我们也致力于不仅把知识，更把获取知识、获取答案的思维秘诀“透露”给孩子们。这是真正以一当十的法宝。孙子兵法，才三十六计，却被古往今来的军事学家包括西点军校广为推崇，就因为他教的不是一城一役之得失，而是思想、方法，是什么时候也不落伍的思维路径。这才是“知彼知己者，百战不殆”之道。

当然，电脑再发展，也替代不了人脑。智能再发达，也无法给孩子以温度。教师温柔的目光、蹲下来的亲切可人，与小伙伴们儿追逐嬉戏、孜孜探求的乐趣，是电脑无法替代的。

今天的儿童既有儿童的天真烂漫、阳光爽朗，又拥有与时俱进的超级大脑；他们拥有的独立思考能力和分辨能力，可能超乎我们的想象；他们的见闻，远比父辈同期要广博。与其回避，不如迎接这一代人的成长——你好，你好，iPhone6.0时代的主人翁。

二孩子，你可以不完美

在汇佳三元桥国际幼儿园的墙壁上，悬挂着很多画作。这些画作不是塞尚提香等大师的作品，而是从K2到K4孩子们的画作。每次Nancy经过绘画墙时，都会很开心："这是孩子们六个月以前的作品，这是他们三个月前的作品。"

但她也有难受的时候。那是当她发现某一件作品非常完美时。她会立刻去问："这是谁画的？"

"Peter。"

Nancy老师的心情，会立刻低沉下来。

她有她的理由。"明显的，这是有人教给他的，或有人手把手帮他画的，这幅画里看不到孩子的创新。孩子的画哪怕不完美，那也是他们自己的作品，是他们自己思想的作品。"

创新，在美籍老师Nancy眼中无比重要。在她的国家，孩子的创新力得到前所未有的保护。但来北京之后，Nancy遗憾地发现，由于一些教育方式的落伍，孩子们的创新精神被抹杀掉了。她和老师采取各种各样的活动和形式，保护孩子的好奇心。幼儿园的玻璃窗永远是向孩子们开放的："这是你们的玻璃，你们想怎么画就怎么画。""信马由缰"之后是什么？是带孩子们反思他们自己的工作。K1、K2班的孩子以鼓励为主："你们的工作真的很漂亮。"对K3班里的孩子则会加上适当地启发："你们认为你们做的怎么样？这个地方，好像有点儿大？那下次把这个地方画少一点儿。”

无论是外籍老师还是中国老师，都彼此提醒：“要学会放手。”放手是比紧紧握住小手还要重要的姿态。依据老师的想法画出来的作品，也许很完美，却用一个大人的思维局限了孩子，阻止了孩子们的天马行空。信手涂鸦的作品，也强于人云亦云。孩子自己迸发的思想，强于100遍1000遍的人云亦云。哪怕你把小鸟画成绛紫色或者让潜水艇长出翅膀，都是可以的，那是你自己的世界。

为了保证不扼杀孩子的创新性，汇佳国际园的老师自己先下起了苦工夫。比如，幼儿园曾经规定：教学材料也好，节日用品也好，老师们尽量DIY。

“不能花钱去买吗？是幼儿园没钱吗？”老师们疑惑。

Nancy说：“不是说我们不能花钱去买，我们也有这个钱，但我们自己想办法做出来的教学材料，比买来的更棒。”

“其实中国的老师，大多数是从传统教育里出来的，他们自己的创新意识也很弱，所以我们要重新调教老师。我们要培养有创新力的小孩子，我们这些当老师的，还是个老古板，怎么行？”

三元桥国际园刚成立的那个夏天，Nancy带着大家埋头苦干了一个暑假。等自己的手工艺品诞生时，大家都惊呆了。同时，也乐坏了。大家收获的是买也买不来的创意性作品，以及千金不换的个人成长。

二 你可以质疑你的园长妈妈

所有孩子都知道，在幼儿园里园长是最有权威性、“官”最大的人，按正常幼儿园的思维模式，一般的孩子不敢轻易跟园长说话。

可是，在汇佳，却是另一番景象。赵赵忽然找到了园长妈妈，小脸严肃："园长妈妈，我可不可以五点后到你办公室？我想和你说说话。"

"有什么事呢？" 园长妈妈很好奇。

"我想问问你，老师大声跟我说话对不对？"

"赵赵，你做了什么事情让老师那么大声跟你说话呀？"园长想问清楚事情的来龙去脉。

接下来的回答，也许只有汇佳的孩子，有这般胆量吧。孩子特别正经地、一字一顿地说道："我就知道你向着老师。"

诧异的园长完全不清楚到底是什么状况，但她隐约感觉到，孩子可能遇到什么纠结的事情了，于是她也特别认真地告诉孩子："赵赵，我告诉你，不管什么原因，老师大声对你说话就是不对。"

"哦，我知道了，老师大声跟我说话就是不对。" 听罢这话，孩子高兴得跳起来，如烟般跑进他的教室。

这番对白放在别的地方，也许大家会觉得不可思议：孩子向园长"投诉"自己的老师，并质疑起园长，这算不算"没大没小"？我们的文化传统，可是讲究师道尊严啊。

可在汇佳，这毫不为奇。汇佳提倡创新与平等，欣赏有冒险精神、能够独立思考的孩子。"弟子不必不如师，师不必强于弟子"，反权威、批判性思维，正是创造性思维的起点。汇佳的园长，是享受不到当"官"的特权的。当然，她们也从来没把自己当成"长"，而是把帮宝宝解决难题当作最大的快乐。

园长不仅当场对赵赵表示了"声援"，事后还找到班里的老师和保育老师，询问了事情的原委。调查结果显示，并没有人对孩子大声呵斥，大家却一致认为，即便如此，这件事也给了我们一个提醒。五岁的孩子，也许还不了解什么是真正的对与错，但他的是非判断，已开始朦朦胧胧地萌芽，他也开始注意老师的语气是不是柔和，态度是不是婉转，一个不小心，小朋友很容易就被伤害到了。这就提醒为人师者，要分外注意每一个细节，时刻有这样一个意识：不管是什么原因，也许出发点是想给孩子一个正确的答案，告诉他事情正确的方法，但大声对孩子说话都是不对的，大声对孩子说话都是不对的。在汇佳，孩子享有这样的权利，并不为奇。

同样在这个幼儿园，一天，另一桩“案子”从天而降。两个小朋友敲响了园长妈妈的门。

“园长妈妈，我们班的老师、同学全丢了。”原来，孩子们拍照归来，回到原班级忽然发现，教室里空空荡荡，其他小朋友踪影全无。“我们找过了，但找不着。您能帮我解决这个问题吗？”

“你这么信任我，我一定帮你解决问题。”

于是，园长妈妈带孩子们，开始“破案”。园长出马，一个顶俩，谜底很快水落石出：同学们并没有“人间蒸发”，正安安静静地坐在里屋听老师说故事呢。拍照的两位同学走错了教室。

当家长们听说这件事时，反应是又惊又喜：“真是这样吗？我们的孩子，真的能做到这样？”对一个四岁的孩子来说，能够自己发现问题、解决问题，解决不了时，开始求助，这是汇佳教育产生的重要影响。汇佳平时的主题课程，就设计了这样的情境。如模拟在公园里迷路的情景，让孩子们思考：“如果有一天迷路了，你怎么应对？是站在原地大声哭泣，让所有小朋友知道你丢了？还是去寻找一些能帮助你的人？”而园长妈妈就是幼儿园的“警察叔叔”，是孩子心目中可亲可近、可以求助的人。

这就是汇佳鲜明的办学思维与特色，也是国际化思维的体现。这里没有过分强调“师道尊严”，只有“师生平等”，没有高高在上的老师，只有“妈妈”和“孩子”相互依存。自由、平等、欢迎质疑的教学环境，培育的是富于创造力、勇敢帅气的儿童。

二 逆向思维？欢迎你！

如果你碰见一个“拧着来”的小朋友会如何？他想问题的角度独辟蹊径，他做事情的方法出人意料。

在汇佳幼儿园，就有这么一个小朋友，他叫程程，在班主任韩老师眼里，程程小朋友逆向思维超一流。如布置数学作业时，有这样一道题，3+4=8，老师会问：“请问它错在哪里？如何改正？”

正常思维的孩子都会去把等号后面的答案改成7。可程程反其道而行之，他采取的是逆向推导法，即8−4=4，把前面的3，给换成了4。

探究课上，小程程的表现也“独树一帜”。那天活动结束，老师检查孩子们的午休情况时发现了异常。平时，小程程虽然不睡觉，但小脑袋是在被窝外面的。今天情况不同，小程程把整个身子都缩到了被窝里，鼓鼓的一团，还时不时地在里面动。

他在里面干什么呢？因为怕影响到其他小朋友睡觉，老师悄悄走了过去，掀开了程程的被子。原来，他在床上趴着，被子裹在身上，弓着身体在下面做小动作。

经过了解老师知道了，事情的原委是这样的：刚刚结束的手影课令小程程意犹未尽。他躲在被窝里就是想用小手电多设计几个手影，让小朋友们猜猜我做的这些手影都是什么。

程程做出这样的事并不奇怪。他平时就是一个特别喜欢探究的孩子，喜欢看书，喜欢做益智游戏，还喜欢思考一些“高难度”的问题。汇佳把这样的孩子当宝贝看待。所以，老师特意找到程程跟他谈了一次话，肯定了他的这个好习惯，并且为了满足他的愿望，答应为他特别举办一个手影表演。程程听到这个消息，高兴得连蹦带跳手舞足蹈，别提多美了。

逆向思维、拧着来、不循规蹈矩……这些传统观念里“离经叛道”的行为，在汇佳不仅不会受到呵斥，反而是倍受推崇的。这也是汇佳国际化思维的体现。当大家都朝着一个固定的思维方向、按照固定的思维模式去思考问题时，而你却朝着相反的方向去思索，这就是一种创新。从结论往回推，从求解回到已知条件，反过去想或许会使问题简单化。著名的“司马光破缸救人”，法拉第成功地发现电磁感应定律，再比如用“反推法”找到迷宫的出口……莫不是逆向思维的胜利。

著名的脸谱网站创办人，创业英雄扎克伯格也很擅长逆向思维，当看到竞争对手MySpace允许访客自由填写他们的简历时，扎克伯格告诉创业伙伴们：“我们要对用户做出一些限制。这样，他们会觉得网站更有秩序，更有安全感。”此举果然为脸谱网站迎来了更多的客户。

成年人口口声声说，我这是为了你好。但切记，教育的同时不要步入迷津。切忌用自己的主观思维、固化思维去抹杀孩子，孩子的棱角与“古怪”，也许正是他们的可贵之处。

班上有一个叫“诗歌编创”的主题课程。老师鼓励孩子们围绕一个事物或者意象创作诗歌，在教学伊始阶段，韩老师会做一些示范，教孩子们如何编创。但随着教学的深入，她蓦然发现：或许不做示范，更有利于孩子们的发挥。老师一现身说法，就等于给了孩子一个固定的模式了。这不是编创而是模仿。山寨品再好，也不是李白、李清照。

现在，韩老师课堂上不再示范了。她会举出一个事物，让孩子们回家去编创诗歌。意想不到的是，每个孩子带回来的作品都特别大胆，五花八门，她时常觉得自己低估了孩子们的想象力。

我们是中国人，我们也是国际人

——当海绵宝宝遇上喜羊羊

在汇佳国际幼儿园，有一道风景线：肤色各异，语言各异的小朋友生活在一起。随便问起幼儿园的小朋友“你是哪里人”时，他们会很开心地回答：“我们都是北京人，都是中国人。”

这种其乐融融、五大洲四大洋一家人的可亲感，是怎样孕育的?

汇佳国际幼儿园，奉行的是双语双文化。希望给予孩子们一种包容的文化。对不同的文化，要学会包容与吸纳，但又不盲目崇拜，“胸怀中国心，志做世界人”。

老师都会带孩子一起迎接平安夜、圣诞节这样的国际节日，感受国外的节日气氛、特点，感受多元的文化。主题课上，孩子们做寿司，做披萨，做纸杯蛋糕，了解不同国家的文化和饮食。

对自己孩子的国际意识，彬彬的妈妈深有感触。三岁半的彬彬，来幼儿园才几个月，但已经很爱这个国际大家庭了。以前每逢周末，他总会跟妈妈说：“我们去哪儿玩？”但现在彬彬问的是：“妈妈我为什么今天不去幼儿园？”彬彬喜欢这儿所有的小朋友，不因语言或相貌上的不同，有任何隔阂或者偏见。因为孩子的心灵是纯真的，在他/她眼中，没有国内和国外之别。他们不会觉得这个小朋友是非洲人或者日本人就怎么样，也不会奇怪，老师怎么长这个样子。天天听彬彬叽叽喳喳，妈妈记住的全是外国名儿，比如，“马克西姆”就是睡在彬彬旁边外国小朋友的名称。

在汇佳的另一所国际园万泉园，也无处不渗透着双语双文化的细节。幼儿园会不定期举办一些庆典，各国老师、各路“神仙”现身说法。英国的老师宣传起他们的国庆日——英国日的由来，最爱唱《神与女王同在》；美国的老师眉飞色舞地讲起神偷奶爸小黄人；澳洲的外教绘声绘色地说起袋鼠与澳洲羊。因此，整个幼儿园变成了国际盛会，孩子们上着课，就仿佛是少年派的奇幻漂流，周游了世界，纵览了全球。在这种氛围成长起来的孩子，胸襟开阔，视野多元化。

但如果把多元文化比作五彩缤纷的花冠，那中华文化就是汇佳教育里的文化之根。即使在国际幼儿园，汇佳依然对中国的传统节日特别重视。幼儿园庆典里，中国传统节日的占比最高。春节，老师可能会带着孩子们“小手摊开，擀擀皮，和和面”，端午节教孩子们包起粽子，说说伟大诗人屈原如何怀才不遇投了汨罗江。有时还会把家长请来一起过节，让孩子感受属于自己民族文化的骄傲。在中国的背景下，让大家感受到国际教育不只是会说外语而已，而是国际意识和国际标准。

海绵宝宝来自创意之都英国，这个四方形、黄皮肤、眼睛扑闪扑闪的“小奶酪”，是英国孩子的心头爱。而对中国的孩子来说，几乎是喜羊羊N部曲，占据并陪伴了他们的童年。当海绵宝宝遇上了喜羊羊，会是怎样的一场PK？不，绝没有血肉模糊、左右互博，而是小伙伴们的相视一笑，携手奔跑起来。

起码，在汇佳是如此。

这场景浓缩了我们憧憬的现在与未来——

当中国范儿与世界亲密交融，我们的孩子成为真正意义上的自由人、国际人。

二 “英语希望之星”是怎样诞生的？

对大多数家长来说，国际教育吸引人之处，在于它的外语教学。孩子在这儿能否得到良好的熏陶？语言能力能否有所提高？

让我们请皮皮的妈妈来现身说法吧。在央视举办的“少儿希望之星比赛”中，皮皮英勇地闯入了决赛。心理学专业的妈妈，细心观察和研究了皮皮在汇佳幼儿园阶段的语言，特别是英语能力方面的进阶过程。

“从皮皮的成长来看，他英文学习方面在汇佳幼儿园确实是受益匪浅，不在于老师怎么样教他，而是在于汇佳始终保持着一种英文教学的环境。我感觉这样的一个环境其实十分符合语言学习的规律，给孩子一个氛围，不动声色地熏陶他，给孩子充分的表达机会，有一天，小宇宙能量自然而然地就爆发了。”

一开始，皮皮并不属于英文语言能力突出的孩子。一个三岁的孩子，爸爸妈妈并不指望他能像神童一样出口成章。

但来到汇佳之后，神奇的力量渐渐显现，像《森林战士》里女王施了温柔的咒语，不起眼的小树叶渐渐精神抖擞地舒展开绿色的经脉。

在汇佳万泉园，小托班每天设置有半天的外语教学。由于外教还担负起照顾孩子的责任，就等于在生活上也有交流。从K2开始到K3阶段实施全天的外教教学，鼓励孩子们跟老师交流，当然每个人交流的频率和程度不一样，但是老师始终陪伴。到K4时，又恢复到半天的英语教学。

深受其益的皮皮妈妈认为："这实际上符合了语言发展的规律，因为学习一门他国的语言，对一个刚进入陌生环境的孩子来说，本是件焦虑的事情。汇佳现在采取的方法就非常人性而且符合教育的规律，刚开始是半天的外语学习，老师以照顾生活的方式，给孩子最初的濡染和熏陶，K2、K3全天的交流，到了K4现在虽然只有半天交给外教，但英语的占比和使用频率是越来越高的。"

在汇佳，皮皮妈妈最担心的状况没有出现，她见过很多英语学得很好的孩子成为复读机器，但在汇佳，孩子先是在思维的层面了解了语言，继而记住了语言。过了一段时间后，他开始试着用这种全新的语言去表达。"我想这样学习语言也是符合规律的，从理解型、反映型到表达型。我们学中文也是先听再理解最后说。英语学习的规律是一样的，它要耗费的时间，可能会更长一些。"

对小朋友来说，在这儿还有一项额外的"感恩节礼物"，一到K3阶段就组织孩子们参加中央电视台的希望之星是幼儿园的传统节目。皮皮参加了！不仅入围，他还闯进了北京的总决赛，用英文进行了一分多钟的自我介绍。这是一个比较复杂的赛事，但皮皮表现得相当精彩。妈妈几乎是一字不落地记住了孩子的台词：

“大家好，我是皮皮，我的英文名字是彼特，我5岁了，我很高兴到这儿给大家做表演。我是一个活泼的、聪明的汽车人，我有很多朋友，我最大的愿望是，长大后成为一个了不起的汽车人。

我来自汇佳，我最喜欢的玩具是变形金刚，我喜欢吃很多美味的食品，但我不喜欢吃辣的。这就是全部，谢谢大家。”

没有导师，没有预演，但孩子自己将幼儿园有趣的生活，串联起来，娓娓表达，自然灵动不做作。

皮皮让妈妈惊喜的，不止这一次赛事。妈妈觉察到，孩子理解的比他目前说出口的要多，也许他不连贯，也许语法还不是很熟练，但他懂得这是什么意思。孩子的日常用语也非常出色，问好、打招呼或者安慰人，都是张口就来。“而且最关键的一点、汇佳双语教学的精髓在于，它懂得了机械的学习不体现理解和交流，但是理解语言代表着文化的沟通。我们家长选择双语教学也是因为这个，我们绝对不是希望这么小的孩子就会使用语言工具，而是希望他对语言有了初步的了解之后，具备沟通能力，建立起对整个文化的了解。后者更重要。”

在汇佳，所有孩子的表现，那种令人惊异的表达和思维，正体现了语言学习之后深深的文化融入。

一次探究活动，一位教学专家提了这样一个问题：“你怎么能证明一样事物有生命呢？”

“我的血在我的身体流，我就是有生命的。”一个5岁女孩儿回答，简直石破天惊。

“那好，怎样证明血在你身体里面流呢？”专家接着问。

“我要是死了，我就会躺到那儿了。”小女孩儿一边说还一边真的躺在那里，“然后，我就干了，就什么都没有了”。小姑娘继续补充：“我还会变成木乃伊。”

专家和所有现场听课的老师、家长们全都被震住了。专家后来不得不感叹：“你们的孩子知识太渊博了，都超越她这个年龄段了。”

孩子突出的表达力，源于独到的教学方法，汇佳为孩子之间的交流学习，开辟了多种渠道。有一种教学法叫“换椅子教学法”，只要孩子一离开座位，一回来，椅子的归属就变了。孩子在这种交换中获得无限的乐趣与新鲜感。它弥补了独生子女成长中的缺陷：他们备受父母的宠爱长大，容易养成唯我独尊的性格，通过换椅子，大家将意识到，这是一个每个人的想法都不一样的世界，我们允许每个人都说出自己的想法，只有最好的意见才会被“留下”。

汇佳还鼓励孩子们用PPT的形式展示自我，允许孩子向其他小朋友“分享自我”。这个过程也是在训练小朋友们的表达能力。不管这个孩子说得怎么样，也许有的人表达好一点，有些人表达得没有那么丰富，没关系，大家都很欢迎。这个过程就提倡了自我表达和多元的价值观。

此外，不管到什么节目，外教都会传授大家一些独到的文化，皮皮就是通过他的爱尔兰外教，知道了英国的王牌栏目《勘探者》，以及那个总是戴着不同漂亮帽子，优雅地朝群众们挥手的英国女王。

汇佳国际园，三同三不同

当今中国，随着学前教育发展的国际化趋势，以国际园命名的幼儿园如春苗竞秀。那汇佳幼儿园的国际化，特色何在?

对此，汇佳人有自己的解读。

=宽容关爱 ≠ 纵容娇惯

汇佳的国际化的教育，对孩子关爱备至。但不意味着一味地惯着孩子，一味地认同。

汇佳万泉国际园的园长，常这样与家长分享："不用随时随地地说孩子你真棒，你真勇敢。夸奖是有必要的，但得有个度，如果孩子轻轻地摔一下自己爬起来，这很正常，你不用夸他勇敢。"

万泉园每个班有一个共同合约，这是园长妈妈、老师和小朋友，共同商量之后达成的友好同盟。如果孩子违反了合约，老师会请他到小椅子上或其他安静的环境里休息一会儿。国际IB教育里有这样一条理念，孩子得学会做一名反思者，反思自己的行为。在静静的思考中，孩子会想明白：为什么是自己而不是别的小朋友坐在这儿？我是不是哪里跟小朋友不一致？

我们就是以这种温柔而又严肃的方式告诉孩子，什么可以，什么不可以。原来模糊不清的概念，在这样的思考思索中，渐渐明晰。一次，一个小朋友经过10分钟的反思后，举起了小手，提出了他的疑问："老师，我想明白一件事。"

"什么事？"

"我是得和别的小朋友一样，可是我能不能有自己的自由时间？"

"你当然可以有你的自由时间，但是你不能影响其他小朋友。"

这是真正的自由的概念。自由不是唯我独尊，是"克己、礼让、谦逊"基础上的优雅风度和骑士精神。

随着一次次的反思，小家伙们也在一点点进步，原来少不更事的小调皮，开始懂得约束自己的行为。

一次，与园长妈妈肩并肩看书时，一位小朋友忽然停下来，看得出来，他下定决心要"坦白"一件事："园长，上次上手工课，我第一件作品没完工，就开始制作下一个了。"

"那你希望延长一点时间，还是怎么办？"

"还是服从大局吧。"孩子说道。

这话说出，孩子与园长相视一笑。什么是成长？这就是了。

幼儿园时期的男孩子，就他们的生理年龄来讲，是特别淘气的，一个"小刺头"后面没准儿有好几个跟随者。并且，这些小家伙是彻底地无畏无惧。身为园长妈妈，有时免不了要经历一些意想不到的“考验”。一次，我们一位园长去K2班巡视，一个意外状况出现了，一个小家伙带头说：“我不喜欢你。”接下来，有五六个孩子一起齐齐说道：“我不喜欢你。”

“可是我喜欢你们。”

“那我们也不喜欢你。”孩子继续说道。

我们这位园长从事幼教事业已有25年，经验非常丰富，她轻轻地蹲下来，问道：“那你能告诉我，你为什么不喜欢我吗？我想知道你为什么不喜欢我？你知道吗？你不喜欢我我心里可难受了。”

看孩子还是不松口，园长还是温柔地拉起他的小手，笑呵呵地说：“你摸摸我的心脏，听听，它都疼了。我那么喜欢你，你却不喜欢我，所以我心都疼了。”

“那好，我就喜欢你吧。”小男孩终于“和解”了。

这个男孩子平时特别活泼开朗，“不喜欢”也许只是一时的情绪表达。我们要尊重这种表达，这是孩子自我成长、自我探索进程中的必然。须知男孩子有时还会用恶作剧的方式“观测”外在的世界呢。他只是想试探下：老师会生气吗？她真的爱我吗？

不管是何原因，都要求身为长者，家长也好，老师也好，有一颗包容之心。孩子急了，您不能急，微微一笑、云淡风轻。以幽默、迂回、急中生智的方式，“跨”过这道坎。与孩子一起时，如果他的每一面都能够被你接受，他才会发自内心地爱你、与你亲近。

二 自由发展 ≠ 撒手不问

与国外的幼儿园相同，汇佳幼儿园也提倡给予孩子充分自由发展的空间。但这种自由，两者又有着截然的不同。

国外的一些普通幼儿园，其教学模式就是把孩子放在园里，其他的基本上就不多过问了，孩子吃什么，睡什么，老师不会管。甚至在有的幼儿园，如果孩子中午想在园里吃饭，家长得给孩子带饭，饭凉了，孩子要自己去处理，老师也不会管。

在汇佳，不会如此。

我们有一位小朋友，就曾因此“去而复返”。

她叫丫丫，在汇佳上过托班与小班，因为父母被派驻国外工作，丫丫也随之转到了国外的幼儿园生活了半年。

在这期间，丫丫的老师付老师一直与丫丫妈妈保持着密切的联系，经常在微信里聊孩子的状况。付老师越聊越担心，这个当初班级里比较活泼好动的小姑娘，到了国外几乎变了一个样。由于语言不通，她变得自闭了，不爱说话。而国外的老师，也没有给予她更多的关注与引导。妈妈看得出来，孩子很不开心的。她不是没有想法，也不是不想与小伙伴们交流，但没有办法，交流的渠道不存在。

妈妈看在眼里，急在心里，勉强维持了大半年之后，实在是无法忍受了。她在微信里说：“看来我们的孩子还是得回国。希望您能帮助我们把这个孩子重新调理到她之前的状态，让她变回以前那样开心活泼的模样。”

付老师重新“接”回了孩子。这一次，她的责任，不仅是老师，还是一个“医生”——妙手回春，帮助孩子回到原来健康快乐的状态。

何其难也！孩子回来之后，与出国前判若两人。之前的丫丫是个活蹦乱跳的小姑娘，在探究课上十分活跃，颇有自己的思想与主见，也愿意与同学们分享自己探索到的奥秘。

但此时的丫丫在课堂上丧失了她的热情。即使要探究的物件很吸引她，她也几乎一动不动，只听不说，除了眼神出现轻微的变化，依然如此。

原来的丫丫，你去哪儿了呀?

心疼不已的老师挑选了班上性格开朗的小朋友，与丫丫搭档，希望两个人能相互带动影响。在玩耍时，老师也给予丫丫更多的鼓励。园里有一个游戏叫“抛线球”，这是一个帮助孩子建立人际关系网络的游戏，游戏的内容很简单：把线球抛给你的好朋友，之后对你的好朋友说一句赞美的话。

小朋友都很喜欢这个活动，抛球的动作很有趣，再加上小伙伴们的赞美，孩子的肢体和心理都得到了满足。

一次活动中，丫丫接到了黄亮亮小朋友抛给她的线球。亮亮喜欢丫丫。可丫丫抱着线球，不知所措。看得出来，她也想往外抛，却放不开手脚。

“你快扔啊。”小朋友们催促着她。

丫丫还是迟迟不动。

当时，正好付老师也坐在圈子里，她灵机一动，对丫丫说道：“丫丫，你看付老师那么喜欢你，付老师是你的好朋友，你能把球抛给付老师吗？”

丫丫回过头来，看到的是付老师灿烂无比的笑容。对孩子来说，这笑容代表着什么？代表着喜爱、接纳与包容。孩子得到的是这样的信号：无论她抛得好与不好，老师都会接纳她、喜欢她。于是，丫丫嫣然一笑，把球抛给了老师。

成功了一半！

但抛球只代表着对孩子动作训练已经完成。对语言的训练还是没有达到。付老师进一步启发："丫丫，你看付老师的这个小辫梳得漂亮吗，如果你觉得好看，可以夸我一下吗？"

静静地，静静地，小丫丫凝视着付老师好几秒钟之后，终于开口说话："老师，您的头发真好看。"

这是丫丫回国之后第一次当众开口说话。话音刚落，她转身跳入了小朋友欢乐的海洋，开始了下一轮的抛球活动。当球再一次被抛给丫丫时，由于有了上次的经验，再加上老师给予她这么一个平台，丫丫毫不迟疑地就把球抛给了好朋友亮亮。

通过一次又一次类似的活动，孩子在逐渐进步，她的心灵逐渐在放开。归国一个多月后，原来那个活蹦乱跳的丫丫，又回来了。探究课上，她恢复了兴趣与热情，主动表达对事物的看法，把探究所得与其他小朋友去分享。

一个简单的"抛线球"活动找回了丫丫的自信和快乐。简单的活动背后，蕴含的却是对孩子心理的深刻洞察。真正的自由，如清凉的风儿，托起宝贝们如蒲公英般，飘洒于梦想的田野；又如静柔的温泉，给你无声的温暖与关注……

二 重视英语≠拔苗助长

与国内很多推崇双语教学的幼儿园一样，我们十分重视英语教学，营造了精致浓厚的双语双文化的氛围。但重视，不意味着对孩子拔苗助长。

有的家长望子成龙，恨不得孩子幼儿园毕业之时就成为英语神童。对此，我们不是很赞成。孩子与孩子之间存在着个体差异，指望一个6岁的孩子滔滔不绝地说英语，不现实。这个年龄段的孩子还处于词汇量的储存期。不用拔苗助长，孩子会依据他内在的节奏，自然地生长。别看他今天只能说一两句话，一两个单词，但这个关键性的潜水期会成就日后的一飞冲天。

请记住大师林语堂在《生活里的艺术》里所述的学习英语的真谛："只在清新自然而已。"

此外，我们也不太赞成，把英语学习的高度置于母语之上。我们的母语毕竟是汉语。汉语的精深优美，是身为中国人的我们，要用一生的光阴细细品味的。

"国际化"思维，不是夜郎自大的盲目自信，更不是弃中崇西的单边崇拜。国际化的意思，是在尊重、珍惜本民族文化基础上对各国优秀文化的兼收并蓄。在中西文化的交辉中，体会"唐三彩"的深沉韵致和"十四行诗"的潇洒浪漫。

诚如下面这首中英文对照诗歌，如果我们能让孩子同时深味两种语言及文化的魅力，打破狭小的疆界，爱上人类共同的优美文明，广结天下友，杯酒共悲欢，那我们 "国际化"的理想，就可谓达成了。

In life, friends seldom are brought near;
Like stars, each one shines in its sphere.
To-night,——oh! what a happy night!
We sit beneath the same lamplight.

人生不相见，
动如参与商。
今夕复何夕，
共此灯烛光。

1	5
2	6
3	7
4	8

1.绚丽多彩的环境
2.大手拉小手，欢乐向前冲
3.我来骑马
4.中西融合的大厅
5.你的牙齿还好吗?
6.幼儿园里的“哈利波特”
7.我们都怀有一颗世界心
8.异域文化大碰撞

成长可以更精彩!
Best growth Best future

1	2
3	4

1.我是环保小卫士　任起小康　6岁　汇佳固安孔雀城幼儿园
2.爱护海洋，创造美好家园　张如一　6岁　汇佳聚江苑幼儿园
3.五彩缤纷的童年　张梓诺　5岁　汇佳神州园
4.地球妈妈别哭了　贾兰茂　6岁　合肥汇佳春融苑园

第五章 学习者社区：三位一体的共享乐园

幼儿园和家庭，应该是怎样的一种关系？

汇佳是国内率先提出“家园共育”理念的教学机构之一。我们开辟“学习者社区”，让家长们都尽可能地参与进来，在参与过程中学习，在学习过程中提高。站在国际化的高度，通过各种富有创意的活动，让家长深度融入幼儿园生活，“与孩子共成长”。

这种家园互动的成长方式，是汇佳给各位家长的一份“厚礼”，也符合我们最初的梦想与理念：成长可以更精彩。成长让孩子更精彩，成长让家长更精彩。幼儿园从此成为三位一体的共享乐园！

快乐的孩子，幸运的妈妈

＝汇佳教我做妈妈

冯老师哭了。

冯老师是一位事业上特别成功的女性，在大学里担任教授。

但在一次家长分享会上，冯老师百感交集，说到动情处，泪流满面。

冯老师为什么流泪？

“战无不胜”的冯老师，在教育子女的问题上，遇到了人生的加时赛。三岁的女儿让她意识到，大学教授在育儿的问题上，也可能要“从零起跑”。

冯老师是一所大学的法学教授，她的女儿叫圆圆。

圆圆从出生以来，似乎就坎坷不断。先是出生没多久就给爷爷奶奶带，带到一岁半的时候，爷爷奶奶岁数大了感觉力不从心，冯老师就把圆圆拜托给保姆。但保姆的综合素质相对要差一些，总是带不好，冯老师就陆陆续续换了好多保姆。

殊不知，这是育儿的大忌。对幼儿来说，不断地面对这些陌生人，不停地更换抚养人，会让她严重缺失安全感。因为没有安全感，圆圆总是缠着妈妈，寸步都不能离。

那时，冯老师还不到40岁，这个年龄对于事业心强的人来说，是一个黄金期。有时冯老师因为工作太忙，被孩子的纠缠烦得不行，就应付孩子，好多事都是敷衍一下了事。孩子不满意了，哭得就更厉害了。冯老师以为带孩子去一些比较高档的场合就能解决问题，结果，依然是无济于事，孩子就不给她面子，中途哭起来没完。

情急之下的冯老师，还动手打过孩子。打完孩子，孩子哭，她也心痛得难以复加。这是一个恶性循环，但冯老师就是不知道问题的症结到底在哪里。

真是“不识庐山真面目，只缘身在此山中”。

孩子的事叫人抓狂，工作也无法全心投入，几乎所有的事情都成了一团乱麻，冯老师真的快崩溃了。

直到把圆圆送到汇佳情况才总算有了转机。圆圆来了以后，经过跟园长、老师们简单的接触，冯老师发现这里的老师们真的不一样，跟她们聊天是一件愉悦、开心的事。她们总是会在不经意间就传递出一种积极的信息，让人豁然开朗。“特别愿意跟她们聊，一聊这心里就安定了，感觉就有了依托。”冯老师说。

特别是在园长那里，冯老师原先的困惑得以释怀。那是有一次送圆圆来园，冯老师见到了园长，正好有时间就多聊了几句，后来就说到了自己关于工作和孩子之间取舍的困惑。

园长就说：“这个问题一定要放长远来看，如果你现在哪边都不舍得割舍，把孩子给耽误了，到时候你会后悔的。”园长不怕家丑外扬，现身说法，给冯老师讲了自己的遗憾。

园长有个女儿，10岁了。女儿小时候也是因为自己忙，没时间带，就把孩子完全交给了孩子的姥姥姥爷抚养。现在的她终于尝到了“苦果”，孩子总是感觉妈妈不爱自己，有时甚至会有陌生感，有意地疏远她。有一阵子，孩子有点儿营养过剩，身体发胖，姥姥姥爷就煮各种低热量的粥给她喝，整整喝了一年，减了十五斤。为这事，孩子还质问妈妈：“姥姥姥爷对我那么好，你给我做什么了？”园长的心里别提多难过了，亲生女儿跟自己这么疏远，世间最痛苦的事莫过于此。

园长几近哽咽地把自己的故事讲完，自揭伤疤，只为了让冯老师能做出一个正确的选择。园长最后告诉冯老师，孩子的情感是极其脆弱的，一旦受伤害就很难弥补，比如那种对妈妈的疏远淡漠，可能要伴随她今后很长的时间。小时候缺失的三五年的母爱，今后恐怕三五十年都无法弥补。

这次谈话对冯老师的触动非常大。后来，园长又送给冯老师一本育儿方面的专著《给孩子自由》，看完之后，冯老师如醍醐灌顶。在这本书里，作者写道：“父母给孩子最好的礼物，不是高档场合的享受，也不是父母事业多么成功，而是发自内心的、全心全意的关爱。缺乏这种关爱的孩子精神不能独立，对人、物、事的依赖性特别强，长大以后不敢向自己依赖的人说不，最终会严重影响孩子的一生。”

冯老师倒吸了一口冷气。她忽然意识到，自己在年近不惑之年才真正读懂了孩子的需求！

加上园长潜移默化的影响，冯老师终于下定决心，把工作暂放一边，全身心地陪孩子度过宝贵的童年。

以前，她是一边带孩子一边还要做课题、写论文、参加各种各样的学术会议，现在是能推就推，能躲就躲，年会两三年都没参加了。有一次，原来的领导打电话请她加入一个学会组织，本是一件名利双收的好事，很多人求之不得。面对这样的诱惑，冯老师也毫不客气地推掉了。她跟那个领导说：“大姐，你也知道，这两年我家里确实有情况，无论公私的应酬都要照顾到孩子，如果是咱们私人之间的交际可以带上孩子，对孩子有益，那我就去，如果不适合带孩子去，那我就不去。”这样一个典型的以孩子为重心的妈妈，让那位领导大姐彻底无语了。

工作、生活的比重调整之后，冯老师渐渐发现当初的选择是正确的，虽然舍弃了很多，但她不后悔，她说：“也许十年、十五年以后，我更能体会到现在的选择对我的价值和意义。”

但时间没办法弥补育儿技术和心态上的欠缺。为了做个称职的好妈妈，冯老师在好多方面都需要学习。她在学术方面是学识渊博，但在育儿方面就是一窍不通了，方法策略总是不对。有一阵子，她真是束手无策了。她不知道孩子想要的到底是什么，孩子总是哭。好在，汇佳的“家园共育”中有“一对一家长会”，提供了一个学习提高的环境。

冯老师的“一对一家长会”由园长负责。孩子总是哭，肯定是有原因的，园长就问冯老师：“陪孩子的时候你在干什么？够专心吗？”冯老师一想，自己还真是不够专心，陪孩子的时候会发短信、打电话，或者漫不经心考虑一些别的事。园长分析道：“孩子的心是很敏感的，如果你不够专心，她就会觉得你在敷衍，你陪孩子的质量不高，孩子就会要求更多的时间。相反，如果你放下别的事，专心陪她，她就会感到满足，这样的效率是不是更高？”

冯老师恍然大悟，原来不在于陪伴的“数量”，而在于陪伴的质量，带孩子看似简单，里面的学问还真不少。

以后再遇到类似的问题，冯老师都会第一时间到园里请求支援。再棘手的问题，都能在“一对一家长会”中通过轻轻松松的聊天得到圆满的解决。除了园长，还有刘老师、陈老师、苗老师，她们都是汇佳精神的代表，身上都有一种魅力，让人时刻感到一种温暖的正能量。

正是在这种力量的感召和影响下，孩子在成长，冯老师也在成长。现在的她在各方面都已经很出色了。在很多次家长的讨论会上，她的发言最为踊跃，说起来头头是道，俨然是一个育儿大师了。

因为汇佳知道，每个孩子、每个父母都是一个独特的个体，一般形式的家长会不能解决所有的问题，所以汇佳长期以来坚持这种“一对一家长会”的形式。在其他行业，“一对一”的服务就是VIP的待遇，一对一意味着大量的付出，意味着高昂的成本，不是谁都能享受到的。而在汇佳，任何一个家长都可以享受这种服务。在汇佳眼里，所有的孩子都是宝贝，所有的家长都是VIP，这是汇佳永不动摇的发展理念。

除了一对一地解决个案问题，汇佳的家园共育模式还会提供一个供家长们交流、沟通、探讨的学习平台，上面所说的家长讨论会是其中的形式之一。这种学习不是把家长们召集起来，说几句客套话，简单应付了事。汇佳所做的任何事都不会流于形式，既然做就一定会做出实实在在的效果。

老师们会先发动各位妈妈，把她们的积极性调动起来，自己准备

选题，提出自己的问题和见解。这个准备过程其实就是一个学习的过程，在这个过程中，家长可以轻松掌握很多育儿方面的知识。

很多妈妈都说，汇佳是孩子们成长的乐园，也是一所妈妈培养大学，从这里毕业的妈妈们都可以当“育儿专家”了。

二 一个妈妈的PPT成长史

“自从把孩子送到汇佳，我最大的收获是成了一个PPT高手，这是之前完全没有想到的。”王子琪的妈妈兴高采烈地说。

王子琪的妈妈之所以能取得这么“辉煌”的成就，完全得益于汇佳的家园共育。家园共育，是汇佳一直提倡并且重视的，很早的时候，电脑和其他信息产品还不是很普及，幼儿园会在放学以后安排家长和孩子一起制作一些手工艺作品，比如粘贴画什么的。一方面是孩子的家庭作业，提高孩子的动手能力，另一方面，家长在参与的过程中，可以更多地跟孩子交流，加深亲子感情。可谓一举两得。随着电脑、iPad的普及，孩子们都早早地学会玩这些高科技的东西了。园里的作业当然也应与时俱进，老师们一琢磨，就把作业的形式改成了PPT。

对有些妈妈来说，平时都是看别人制作PPT，真要自己做，还是有很大难度的。王子琪的妈妈就是这样。王子琪来汇佳的第一天，老师留的作业就是爸爸妈妈帮孩子做一个PPT，介绍自己的家庭。

王子琪的妈妈有自己的公司，平时都是看别人做PPT，自己从来没有亲自尝试过。

她也明白园里老师的用心所在，这事情也不好让自己的员工代劳，一切都得从零学起。

她向公司里那些PPT高手请教，一点一点学习怎么构图，怎么设计标题，怎么添加文字，怎么修改、美化图片。公司的员工都好奇，老板最近是怎么了，怎么这么勤奋好学呢？

第一个PPT的主题内容是家庭介绍，她找来全家的照片，各种场景的生活照，再分几个主题分别配上介绍文字。制作的过程中，妈妈一直让王子琪在旁边看着，一起重温过去的点点滴滴。

“这张照片是咱们去年去海边玩的时候拍下的，你看爸爸的表情多可爱，琪琪还记得海边漂亮的贝壳吗？”妈妈接着说，“这张是爷爷奶奶十年前的照片，那时候你还没出生呢！”王子琪听到这个一下子来了兴趣：“爷爷的头发那时候好黑呀！”妈妈就说：“是啊，爷爷也是日夜为我们操劳，头发都给累白了。”

妈妈就这样一张一张制作，一张一张给琪琪介绍。经过不懈的努力，第一份PPT终于制作完成。

第二天来到园里，各个家庭都带着自己的PPT来演示了。轮到琪琪的时候，由妈妈操作PPT，琪琪在台上做介绍。看到照片以后，琪琪就想起了妈妈昨晚说过的话，一板一眼地讲解着，还不忘展示一下从家带来的贝壳：“大家看看漂亮吗？”台下的观众们异口同声地说漂亮，掌声如雷，琪琪在台上乐得合不上嘴。

第一次成功制作PPT的经历让琪琪妈妈非常难忘，之后的时间里，她陆陆续续做了不少不同主题、不同内容的PPT，制作水平突飞猛进。有时公司开会的时候，她也会抽时间亲自做一些，令公司员工刮目相看：这么全能的老板难找了。

到K3、K4的时候，经过两年的耳濡目染，琪琪也能自己动手做

一些简单的PPT了。通过这些PPT的讲解，孩子们的表达能力得到了提升，特别是在公众场合的演说能力是很多成年人都望尘莫及的。

“汇佳的孩子不管到哪儿，出头露脸都没问题。”王老师一脸自豪地说。这句实在话是汇佳的骄傲，也是汇佳孩子们的幸运。对于这一点，家长们的感触也很深。因为他们的深度参与，见证着孩子的成长，也分享着孩子们的快乐。在这个过程中，家长也在不经意间收获了很多。

这就是“家园共育”的意义所在。

二 魅力爸爸沙龙

中国的妈妈是世界上最辛苦的妈妈。这不是危言耸听，看看我们身边那些每天从早到晚忙不停的妈妈们，你就知道，中国的妈妈们可以说世界上最伟大的妈妈。

“男主外，女主内。”这种传统思想多多少少会影响到每一个人。所以，妈妈就承担了家里的一切，而爸爸下班回到家就可以心安理得地翘着二郎腿看球赛，或者玩游戏了。

这不公平。为了妈妈们的“利益”，汇佳基于“家园共育”的理念，勇敢地发起了挑战。

有一次汇佳幼儿园“家长委员会”开一个例行座谈会，人都到齐了，园长一看来的家长全是妈妈，就小小地感慨了一下，今天来的妈妈可真多，要是爸爸能多参与一些就好了。园长没想到这么简单一说，一下子引起了妈妈们的共鸣。接着就是怨声一片，都是声讨爸爸们的，说他们懒散，回到家什么都不干，平时就知道工作，对孩子关心太少，等等。

自己的辛苦倒在其次，妈妈最担心的是孩子的成长。她们担心，在孩子们成长的过程中父亲缺位，会导致孩子们感受不到足够的父爱，不愿跟爸爸接近，这对孩子的一生会产生什么样的影响呢？并且，爸爸们也意识不到自己这个角色的重要性，他们的价值和意义都没有充分体现出来。

最后大家一致认为，幼儿园应该专门开展一项活动，把爸爸们的积极性也调动起来。

恰好，汇佳“学习者社区”有一个“家长成长项目”，旨在帮助家庭中每一个成员都能在孩子成长的过程中尽到自己的责任和义务，让孩子完整地感受到来自家庭的关爱和温暖。项目的设计会根据家长的需要，有针对性地安排。

这次，“家长成长项目”就以爸爸为“帮扶对象”，“魅力爸爸沙龙”主题活动正式登场了。活动的初衷就是要把爸爸们的积极性充分调动起来，一方面起到加深父子感情的作用，另一方面也可以减轻妈妈的负担，提升妈妈的幸福感。

第一次动员大会，来了很多爸爸，有的是自己要求来的，有的是妈妈指派来的。来是来了，问题是怎样让爸爸对自己的重任有“切肤之感”呢？老师们有办法。

先看PPT，用图说话。首先展示的是一个个帅气的明星爸爸，有林志颖、赵文卓等，都是事业成功的好爸爸，他们跟孩子一起玩耍、亲昵的画面给电视机前的爸爸们很大的冲击，电视机前的爸爸们开始窃窃私语了，羡慕也好，嫉妒也好，反正都不会无动于衷。这正是老师预期的效果。

再往下的图片就截然不同了，老师通过各种途径搜集了一些心不在焉、不负责任的爸爸图片。有的是把孩子放在电脑旁边哭，自己却在专心致志地玩游戏；有的是带孩子出去买啤酒，买完了让孩子用自己的玩具车往回拉；有的是把孩子跟锅碗瓢盆一起放在水池子里洗。一看这些粗心、可气的爸爸，下面的爸爸们都乐了。

老师请在座的爸爸就前后两种爸爸做一个比较，然后反思一下自己以往的所作所为是否有对号入座的情况。

接下来就进入正题，老师提出一个问题，让爸爸们分组讨论，就是爸爸在孩子的成长中应该扮演一个什么样的角色，应该起到什么样的作用。

讨论的气氛很好，大家的表现都很踊跃。最后得出的结论也比较集中，几乎是一致的：爸爸的作用当然是不可或缺的，要起表率和榜样的作用，要培养孩子有阳刚的气质，宽阔的胸怀，渊博的知识，等等。

老师说，大家都知道，男人有两大特点，一是争强好胜，二是好面子。那么多爸爸们在一起，问其中一个爸爸愿不愿意做一个有魅力的爸爸，那肯定是百分之百愿意。可是生活中光说可不行，得拿出实实在在的行动。爸爸们要参与到孩子的生活中来，让孩子受到你的影响，拿出实际的行动，这样才是一个合格的爸爸。

这次动员大会之后，园里再有什么大型活动，都会特意注明，爸爸们一定要来参加。

2013年10月30日万圣节那次活动，就有好多爸爸来参加了。虽然有些爸爸是被妈妈指派来的，但他们一旦参与进来就毫不含糊，很卖力气，跟孩子一起挖南瓜、做活动，跟孩子一起合影，不亦乐乎。爸爸们的表情变化，也十分有趣，一开始面无表情，到后面喜笑颜开。妈妈们在下面也不闲着，相互评论爸爸们的表现：你看那谁谁的爸爸来了，他今天的表现真棒！

还有，妈妈、姥姥、保姆在照顾孩子时，她们的照顾特别细致，柔声细语。爸爸一来，这气氛马上就不一样，他们会用自己的方式跟孩子互动玩游戏。爸爸们的话不多，但掷地有声。有的孩子在做游戏的时候不够专心，爸爸就说“听好了”，这种男性的气场能很有效地“镇住”孩子，孩子一听马上就专注起来。如果孩子摔倒了，爸爸会说“自己爬起来”。方式和态度跟女性就是不一样。

有的孩子入园不久，参加这种集体活动会哭。爸爸就把孩子扛起来，或者用粗壮的胳膊夹起来，这样一来，孩子们就会无形中感到足够的安全感。

在玩的过程中也一样，因为有爸爸这个表率，孩子们不再拘泥于以往的心态，他们都会比平时勇敢很多，这对培养他们的冒险精神很有好处。

除了园里组织的这些活动，爸爸们平时下班回到家也不像以前那样“懒散”，有时是妈妈给爸爸安排事做，有时干脆主动抽一天出来，给妈妈放一天假。爸爸会带孩子出去玩，还把家里的事全包了。

很快，爸爸这方面的才华就显露出来，他们做这些事并不是不在行，只是很多时候被“剥夺”了劳动的权利。特别是家里有男孩子的爸爸，也许是男人之间更容易惺惺相惜，他们跟爸爸会玩得更开心。嘉盛爸爸那天跟孩子玩了一天，晚上主动要求跟孩子一起睡，孩子也很开心，父子俩还依偎着，讲了一宿的故事，让习惯了陪孩子睡觉的妈妈都有些吃醋了。

通过这些“家长成长项目”安排的活动，爸爸们的积极性都被激发了出来。在这个成长过程中，爸爸们也更理解了妈妈的辛苦。这也是妈妈们乐意看到的。

父母是孩子最好的老师，是幼儿园无法替代的，而爸爸这个“角色”也是妈妈无法替代的。“家长成长项目”的终极目标就是弥补家庭环境中的“短板”，直到孩子有一个完美的成长环境。汇佳在这方面的努力是不遗余力的。

三代人的舞台，我们一起成长

——三胞胎家的育儿争夺战

说到底，“家园共育”的核心还是家庭和幼儿园之间的相互理解，相互配合。没有这个基础，幼儿园只是一厢情愿。但现实总是不尽如人意，总有个别家庭会出现内部的矛盾。

固安孔雀城汇佳幼儿园里有个三胞胎，非常惹人注目。三胞胎的爷爷奶奶虽然出身农民，也没接受过什么高等的教育，但看得出他们都是那种特别有智慧的人，都非常认同汇佳的教育理念。

可是孩子的父母就不一样了，他们特别有个性，又特别执拗。特别是妈妈，她完全活在自己的世界里，对待孩子也是完全按照自己的方式，从不会站在孩子的角度，走进孩子的世界，考虑孩子们需要什么。这样的性格本来无可厚非。但如果以这样的个性对待孩子、教育孩子就不行了。

孩子的特点是，如果需求得不到满足，就会哭闹。一个合格的妈妈一定要学会慢慢地引导孩子养成好习惯。三胞胎的妈妈却不是如此，她采取很强硬的态度，孩子哭了没关系，放一边不管了，随便哭，爱怎么哭就怎么哭，总有哭够的时候。她意识不到自己这种冷若冰霜的态度会给孩子带来多大的负面影响，并且她还看不惯爷爷奶奶那种温和的育儿方式。只是因为工作太忙，她才把孩子交给了爷爷奶奶。

当初选园的时候，是奶奶主导的。奶奶跑了当地很多家幼儿园，最后一下子就认定了汇佳。虽然没念过什么书，也不懂什么科学育儿上的先进理念，但她明辨是非，不会被表面的现象迷惑，她知道对孩子来说什么是好的，什么是坏的。要不怎么说她是有智慧的人呢！

三胞胎被爷爷奶奶送到汇佳后，度过了一段美好的时光。每天早起，孩子们被奶奶送来，一起吃饭做游戏，一起跟奶奶放学回家，晚上还是由爷爷奶奶照顾。那一阵子，孩子们真的很开心，爷爷奶奶也都积极地配合园里的家园共育，有什么活动总是第一时间参与进来。

因为有学习者社区，园里会经常组织家长们一起座谈，共同学习提高。在这些活动中，两位老人经常受到园长的表扬。他们身上有很多闪光的地方值得年轻的爸爸妈妈们学习。而两位老人在这些活动中也受益匪浅，他们的学习能力是有目共睹的。后来，相处时间长了，老人跟园长，跟园里的老师们，都成了无话不谈的忘年交。

可是好景不长，后来就出现了变故。三胞胎的妈妈不知道为什么，可能是工作比较清闲了，执意要自己带孩子。这样一来，白天的时候，孩子在幼儿园还好，可是一回到家就要面对那个冷冰冰的妈妈，这样就又回到了以前的那个状况。孩子们的心里会有抵触，甚至会有恐惧。特别是一到放学的时候，妈妈来接，本来很开心的三个孩子一下子变得不安起来，有时候就会找各种理由赖着不走。有一次，因为下午一个好玩的游戏，孩子们好像没有玩尽兴，妈妈来接的时候，其中一个就抱着老师的腿，央求老师再玩一次下午的那个游戏，老师怎么劝都不管用，后来干脆抱着老师的腿一直哭。最后没办法，妈妈强行把他给抱走了。老师看着孩子远去的背影，心里挺不是滋味，但也无计可施，孩子毕竟是人家的。

这之后，“学习者社区”再组织什么活动，也不敢轻易请这位妈妈来了。因为她太有个性太有棱角，总是跟别人不一样，爱唱反调。她没有什么有价值的育儿心得跟大家分享，反而是个不和谐的音符。因为这种表现总让大家不太喜欢，后来大家就渐渐把她给遗忘了。

好在爷爷奶奶不会坐视不管。平日里没事的时候，他们会来园里看看孩子，或者跟老师聊聊。看着孩子越来越不开心，老人也是急在心里。他们不止一次地找孩子的爸爸妈妈，批评他们教育孩子的方式不对，这样下去对孩子不好。孩子的爸爸妈妈当然不会听，他们会反过来指责孩子的爷爷奶奶，到后来火药味越来越浓。

老人感觉挺委屈的，这都是为了孩子，儿女不理解也就罢了，还要受他们的指责，心里的憋屈除了跟园里的老师们聊聊，也无处可诉。老师们也理解老人的苦衷，不断给他们打气、鼓励，这样一来老人就不会轻言放弃。

妈妈那边由老师做工作。每天送孩子入园的时候，老师就抓住机会跟妈妈聊，跟她说教育孩子的正确方式，说老人们的委屈，虽然收效甚微，但时间长了总会有些影响。在老师和爷爷奶奶的不断努力之下，爸爸妈妈终于投降了，同意再把孩子们给老人带。

三胞胎家里的育儿“战争”终于告一段落，这样的胜利不仅仅是爷爷奶奶的胜利，也是孩子们的胜利，他们又回到了快乐的轨道上来。

家园共育离不开每一个家庭成员的支持，而家庭成员的育儿观念又直接影响到家园共育。这就像那个著名的木桶理论，幼儿园和家庭中所有成员共同组成一个水桶，水桶的盛水量就取决于最短的那一块板。家庭成员中只要有人坚持自己错误的育儿观念就会给孩子带来很大的负面的影响。汇佳之所以提出“学习者社区”这个概念，就是希望每一个家庭成员都能有一个正确的育儿观念。如果碰到像三胞胎妈妈那样固执的家长，汇佳会坚持不抛弃不放弃的原则，直到事情出现转机。而“学习者社区”也不仅仅局限于定期组织的学习活动，有老师的地方就是“社区”，有“社区”的地方就有正能量潜移默化的影响。

二 蚕宝宝的故事

因为爸爸妈妈工作忙，汇佳就有了好多隔代抚养的孩子，有的是爷爷奶奶带着，有的是姥姥姥爷带着。不要说隔代抚养不好，只要老人们的观念不陈旧，并且认同幼儿园的先进理念，积极配合，这就没问题。

开心就是由姥姥带着的。当初选择汇佳是妈妈的决定，因为妈妈同事的孩子就在汇佳，同事极力推荐，说汇佳非常好，不管你住在北京哪个地方，一定要把孩子送到汇佳，住得近要送，住得远想办法也要送。妈妈基于对同事的信任，没怎么考虑就把开心送来了。

开心的姥姥就细心多了，经过好多次实地考察，疑虑重重。这个汇佳被别人说得那么好，怎么看起来一点都不起眼呢？那时的汇佳园还刚开始装修，从外观上看不出豪华来。姥姥就犯了嘀咕，回家就跟女儿说了，女儿信心满满地打消她的顾虑：看事情不能光看外表，装修得再豪华对孩子有什么好处呢？

姥姥还是不放心，经常在孩子上课的间隙跑过去偷偷地“检查工作”。看孩子吃饭的地方干不干净，孩子吃了饭有没有不舒服，看孩子洗手的地方有没有挂毛巾，看毛巾干不干净，毛巾多长时间洗一次，等等。这工作检查得相当细致。所幸，幼儿园这方面的工作无可挑剔。

开心的妈妈知道了这些哭笑不得：“妈，你不要这样，这个幼儿园挺好的，你别总是疑神疑鬼。”

姥姥半信半疑，“检查工作”的事暂时收敛了很多，有时间了就去跟园里的老师聊，这一聊总算聊出了感觉，她发现这里的老师不仅待孩子如朋友，待家长也像朋友一样，不虚伪，不做作，感觉非常亲切。姥姥对汇佳的印象终于从老师们这里有了转变。

在以后的日子里，汇佳总是不断地给姥姥带来惊喜。姥姥发现开心从学校回来的时候总会有不一样的发型，小辫子总是梳得很别致很漂亮，开心说这是老师给梳的。还有孩子的秋衣秋裤，内衣内裤，一回来就发现不一样了，都换新的了。姥姥问开心怎么回事，开心说尿床了，老师都给换了。打电话跟园里核实，老师说换下来的衣服都洗干净了，明天晾干了给孩子打包装好。

这下姥姥又开始忙了，第二天又偷偷地过去看孩子睡觉的地方，想着既然尿过床了，孩子用过的被褥什么的一定会很脏。到那儿一看，结果截然相反，雪白的被单让姥姥“有点儿失望”，再把被单抽出来，也是干干净净的，看不出任何尿过的痕迹。原来，老师已经给孩子换上了干干净净的被褥。

再去食堂看看。孩子们每天的食谱都会公布在公告栏里，并且不折不扣地执行。孩子每天吃了多少饭，喝了多少水，大小便了几次，一目了然。姥姥看着记录，问开心真的喝了这么多水？开心说是的，老师还说了，多喝水，多尿尿，多排毒。姥姥一下子就开心了，孩子健康有了保障，还长了知识，小小年纪就懂这个，真是不简单。

姥姥彻底放心了。从起初的担心到放心，到后来姥姥还成了幼儿园的宣传大使，整个过程真是一波三折、跌宕起伏。

最让姥姥开心的还是汇佳幼儿园里丰富多彩的活动，每一次活动都是老师们用心策划组织的，完完全全为了孩子的成长。姥姥对此心知肚明，所以所有活动，姥姥可以说是一场不落。

姥姥印象最深的是开心入园以后参加的第一个户外活动，活动主题是“放飞梦想，寻找春天”。那是个清明节，草长莺飞，暖风习习。姥姥跟着开心还有园里的老师、孩子们一起出去玩了。孩子们对大自然的一草一木都充满了好奇，蓝天白云，小草花朵，小溪小鱼，孩子们都仔细观察。回来以后，老师提问：“春天是什么样子的？”孩子们开动自己的脑筋描述了自己看到的那些景致。

这个活动除了锻炼孩子们的观察能力和语言能力，还锻炼了动手能力。“放飞梦想”里所放飞的风筝，都不是直接从外面买的，而是孩子们自己做的。孩子们做完之后，再画上自己的梦想心愿。

开心做的小风筝可漂亮了，小朋友一边放飞，小嘴里还念念有词，姥姥仔细一听乐坏了，原来，开心许下的心愿是：以后一直跟姥姥一起放风筝……

还有一些独具汇佳特色的活动也让姥姥赞不绝口。如不定期举办的拍卖活动，拍卖的都是孩子的手工艺品。有一次，开心将自己喝完的止咳液的小玻璃瓶穿起来做成了风铃，变废为宝，独具创意，在拍卖会上受到很多家长的关注，出价都很踊跃，本来姥姥想把开心这件作品买回来留个纪念，不成想竞价太过激烈，最后还是被另一位独具慧眼的家长以100元的高价买走了。

还有一些制作工艺比较复杂的作品，有的会拍出几百块的价格。碰到好的作品，家长们出价的场面一点都不亚于那些正规的拍卖会。

孩子们不会乱花拍卖所得的钱款，幼儿园早就安排好了，拍卖所得以小朋友的名义捐给一所聋哑学校，改善他们的学习生活条件。姥姥说了，这是多有意义的活动啊！孩子们不仅体会到劳动的收获，还能理解慈善的意义，从小就有一颗善良的心。

让姥姥尤为感动的，还有幼儿园的养蚕计划。

养蚕本是一场对自然对生命的探究，但通过这次喂养，开心的领悟很深。

园里想办法买回来一批蚕宝宝，开心领回了20条放在家里的鞋盒子里养。

领回来之后，家里人就告诉她：“这些蚕宝宝不是领回来就完事了，你要负起责任来，要每天给它们喂食，还要给它们打扫卧室。”

开心点点头。这些蚕宝宝多可爱啊！她非常乐意为它们做一些力所能及的事。

养蚕的鞋盒子里面垫了一张纸，蚕宝宝每天都会拉在上面，那一阵子，开心每天回家后第一件事就是给蚕宝宝换一张新的纸，再喂桑叶，平时活泼好动的开心，能站在那儿一动不动20多分钟，不眨眼地注视着蚕宝宝们一口一口咬食桑叶。

蚕宝宝渐渐长大，它开始吐丝，开始结茧，最后破蛹成蝶……

姥姥和爸爸妈妈把这个生命的历程，拍了下来，作为珍贵的教育素材，还把“春蚕到死丝方尽”这个典故给开心讲——

“开心，春蚕到死丝方尽，蜡炬成灰泪始干。蚕宝宝虽然个头微小，但它一生都在奉献。你看妈妈用过的丝巾，以及咱们家用的蚕丝被，都是蚕宝宝辛勤吐丝之后制成的日用品。幼儿园的老师，还有爸爸妈妈都像这个蚕宝宝一样，吐丝奉献，所以要珍惜他们辛勤的付出，要懂得感恩。”

这么一比喻，开心就懂了，她不仅通过养蚕增长了见识，还在心中播下了感恩的种子。

说起感恩，还有一个感恩节的活动更值得纪念。那天，老师告诉孩子们：“今天是感恩节，我们要对辛勤抚育我们的父母、爷爷奶奶、姥姥姥爷，表示感恩之情。”

孩子们问：“该怎么表达呢？”

老师给出了一个绝佳的提议：“那咱们给他们买个礼物吧，但这个礼物一定要自己选。”

接下来，老师给了每个孩子20块钱，带他们去超市买礼物。如何花掉这20元钱，让家里每个人感受到自己的心意，对孩子们来说的确是个不小的挑战，但无疑也是一个非常好的锻炼机会。

开心在这个活动中，表现得就很好。她精打细算，买了袜子、牙膏、手霜还有一支笔，分别送给了爸爸妈妈姥姥姥爷。

那天，当开心拿出礼物的时候，家长都是含着眼泪接过去并夸奖孩子的。真没想到幼儿园会用这种方式让这么小的孩子就能懂得浓浓的亲情。

“汇佳的孩子长大了该有多优秀啊！我不指望孩子长大了能成为什么精英式的大人物，只希望她健康快乐地成长，然后成为一个有道德的人，一个善良的人，这就够了。而这一切，汇佳真的完完全全真真切切地做到了。”姥姥说。在与幼儿园老师接触的过程中，姥姥对汇佳的认识越来越清晰，惊喜也随之越来越多。

汇佳的幼教理念中有这样一句：“幼教的过程就是一个习惯培养的过程，包括探究、阅读、创新能力、批判性的思维、勇于冒险的精神，这些良好的习惯一定要在孩童时期养成。”对此，姥姥深切地感受到了。

最可贵的是这种家园共育的模式，以及这个模式之下的各种活动，它们像磁铁一样，深深地吸引着孩子，吸引着家里的每一个成员。借用姥姥的一句话：“家庭和幼儿园之间的这种感情，很难用语言来形容。”

三 模式影响力

大多数爸爸们意识不到自己这个角色的重要性，但如果妈妈也犯同样的错误，那问题就严重了。

亚晨刚来汇佳的时候，老师就感觉到这个小姑娘跟别的孩子不太一样。她非常腼腆，不爱说话，表达能力很差。老师们不得不把她列为重点关照的对象。

每天，老师看到她的时候就会特意夸奖一下，然后给她一个拥抱，或者摸摸头发。随着这种接触的增多，亚晨慢慢对老师有了好感，但这还远远不能解决问题。她喜欢你的时候，并不会像其他孩子那样很明显地表示出来，她会慢慢蹭到你身边，用眼神告诉你，她渴望你抱抱她。

上课的时候也一样。亚晨是个非常聪明的小孩，接受新鲜事物的能力很强，学东西特别快。但是她学会之后不会说，羞于表达。老师得主动点名提问："亚晨，说说你的想法，我们都想听到你的声音，你的声音特别好听。"这样她才会开口说话。

这么好的一个小孩，她的问题究竟出在哪里呢？老师经过观察和走访，终于知道了情况。亚晨一直是由奶奶带着的，接送都是老人负责，妈妈因为工作原因，总是晚出晚归，加班是常态，晚上要到十一点才能回家，第二天上午总要睡到十点左右。这样一来，亚晨基本见不到妈妈。爸爸也一样，工作忙，早出晚归的。也就是说，在孩子成长的过程中，爸爸妈妈双双缺位了，孩子的生活中只有奶奶。

大家都知道，孩子的心灵是极其敏感的，她能感觉到别的孩子在享受爸爸妈妈的爱，而自己却没有，她会羡慕。自己又改变不了什么，情绪自然会低落，久而久之，就成了内向腼腆的孩子。

问题就出在这里，老师决定分两方面重点做做工作：一方面是让孩子最大限度感受到父母的爱；另一方面做爸爸妈妈的工作，让他们意识到自己的问题所在。

在课堂上，老师会告诉亚晨："爸爸妈妈的工作很忙，也是为了自己的家，为了亚晨，爸爸妈妈是很爱你的，只不过他们表达爱的方式不一样。你看，爸爸给你买了这么多玩具，妈妈给你买了这么多书，这都是爸爸妈妈对你的爱。"不断进行这方面的引导，孩子多多少少都会理解一些。

对爸爸妈妈的工作也同步展开。前面说过，汇佳的“家园共育”模式下有一个“一对一家长会”，老师充分利用这个机会先跟妈妈沟通，告诉她孩子的状况，讲述了妈妈在孩子整个成长过程中的重要性，给她提出建议，如果你们的工作确实忙，哪怕抽时间也要陪陪孩子，哪怕一周或一个月送孩子来幼儿园来一次。早上没时间送，下班就早回来一会儿接孩子回家也行，让孩子感觉到自己跟别人一样，也有爸爸妈妈的关爱。妈妈说：“这些道理我都懂，但孩子的爸爸有自己的想法，家庭成员之间在理念上有矛盾冲突。”

接下来，老师又找爸爸过来聊。一聊才知道，爸爸的观念是：“我妈当初把我教育得这么好，我就相信她也能把孙女教好。我们既然都很忙，也没时间，那就都交给我妈管，我们也省心了。”

这位爸爸意识不到父母对孩子的影响，也不知道父爱母爱这些因素的不可替代性。老师苦口婆心地一点点开导，不厌其烦。

很多时候，一个人脑海里一个看似不起眼的观念，往往是根深蒂固的，不会轻易被转变，只能慢慢来。跟爸爸妈妈聊过天后，老师又送给他们类似《好妈妈胜过好老师》那样的书籍。有些书，还是专门为爸爸精挑细选的。通过这样不断的潜移默化的影响，来达到引导家长的目的。

汇佳的家长义工组有活动的时候，老师也特意通知亚晨的爸爸妈妈来参加。爸爸妈妈虽然不太情愿，但即使再忙，这项工作还是要配合的。有时是爸爸来，有时是妈妈来。义工组的家长也会主动跟他们聊父母陪伴孩子的重要性。

汇佳还有一个幼儿园开放日的活动定期举行。一个月有三天，幼儿园开放日，家长们可以过来参观，看看老师是怎么教的，看看孩子们在课堂上的表现。这三天会安排不同的主题课程，第一天可能是外教，第二天可能是国际文凭小学项目的教育主题，第三天可能是音乐绘画，家长可以根据自己兴趣点，选择一天过来看。对于那些平时经常接送孩子的家长，园里没有硬性要求一定要过来看。但对于亚晨的爸爸妈妈这样经常不见人影的家长，老师们是“要求”他们一定要过来看看的。还有一些大型的活动，也“要求”他们即使请假也得来。

这个措施对孩子的影响是最直接的，当小亚晨看到自己的爸爸妈妈和别人的爸爸妈妈一起出现在开放日时，小眼睛变得晶晶亮。

经过老师们不懈的努力，事情有了好转。亚晨的爸爸妈妈下班的时间也会尽量提前，让孩子在睡觉之前能看到他们。亚晨的变化也是很明显的，变得爱说爱笑了，见到老师也会主动打招呼了，甚至也会学老师的样子夸奖别的小朋友：“你今天真漂亮，小辫子真好看。”

在“家园共育”的模式中，汇佳通过“学习者社区”、“一对一家长会”、“幼儿园开放日”以及其他丰富多彩的活动，让爸爸妈妈们受到积极的影响，正如亚晨的转变，最终受益的是孩子。这就是模式影响力，爸爸妈妈跟着孩子一起成长，反过来说，爸爸妈妈的成长也更能促进孩子健康成长。这是一个良性的循环。

创新，赋予家园共育恒久的魅力

一 与时俱进，让沟通更顺畅

以前，汇佳的门口或者不远的地方，经常会有家长在那儿蹲守。他们不是为了等放学接孩子回家。这些人大多是新生家长，因为不放心孩子在园里的情况，就在附近“监视”，甚至会有家长爬到高一点儿的地方，用相机偷偷拍摄园里孩子的一举一动，不知道的人还以为是哪里来的搞破坏的呢。

刚入园的孩子会焦虑，家长比孩子更焦虑。经常会有孩子在院里哭，家长在外面哭的现象。

可是，在去年的时候，这种情况突然消失了。这是怎么回事呢？原来是汇佳的老师们有了一套秘密“武器”。

汇佳“家园共育”模式在实践的过程中，老师们发现需要跟家长们沟通的地方太多了，定期的例会根本满足不了这种需求，而打电话也总有不方便的时候，有时候一打电话是家里的老人接的，扭头把这事给忘了，结果就没了下文。跟爸爸妈妈做不到有问题随时随地的沟通，园长也一直在琢磨怎么改善这个情况。

园长的爱人经常出差，有时候在外地想孩子了，就让园长发个照片过去。园长会用相机拍下来，然后传到电脑里，再用QQ传过去。但是这个过程很麻烦，后来有了微信，“发照片”就变得容易多了。

稍加研究，园长觉得新工具可以好好借用一下。于是她就找到领导商议，领导一听，感觉确实不错，但是也有顾虑。因为汇佳对老师有一套严格的制度规定，制度上有这么一条，老师在带课期间禁止带手机，这是为了避免老师在上课期间打私人电话、发短信、玩游戏而耽误工作。如果要用微信，就必须得随身带着手机，这就和制度发生了冲突。

园长考虑了一下，说能不能做个变通。以往不允许带手机的时候，老师有事还是会打个电话、发个短信什么的，这个情况无法避免。制度也要讲人性化，有一定的弹性。我们可以允许老师带手机，但事先以制度的形式说明，手机是工作用的，与工作无关的事一律不准做。相信我们汇佳的老师这点自律精神还是有的。领导想了想，总的说来也是利大于弊，就同意园长先找两个班做个试点，看看效果再说。

园长先找了两个小班做为试点，每个班建一个微信群，群里除了家长和老师，还把行政、园长、主任都加了进来。家长们有什么问题可以随时随地用手机发表在群里，老师会及时解答，大家都可以看到。如果不方便让别人看到，也可以跟老师私聊。园里有什么消息也可以直接发布在群里，家长们同样可以随时随地看到。

小班的家长最需要这种频繁的沟通。在本篇的开始就说过了，因为孩子刚入园，走进了一个陌生的环境，很多家长放心不下。老师说的话他们也不会全信。用了微信之后，这个问题彻底解决了。老师把孩子活动的实时影像用手机拍下来，上传到微信，看着孩子在园里都挺开心，家长们当然也就放心了。

经过这两个班的试运行，园长发现效果非常好，家园之间的沟通比以前更顺畅了，解决了很多实际的问题。老师们带手机上课时的自律精神都非常好，刚开始担心跟制度的冲突也没有发生。

既然事实证明可行，就可以在全园推广了。

经过和家委会反复讨论，结合遇到的种种问题，最后他们制定了微信使用规范，由各班家委会的家长负责发布和监督执行。

规范内容如下：

为规范、有效使用微信，特制订本公约，望大家自觉遵守。

家长公约：

1.教师工作时间请不要给教师发消息,以免影响教师正常工作。如家长有急事可打幼儿园电话。

2.每名幼儿仅限一名家长进入该群,进群家长请自觉更改群名片，如xx妈妈。家委会成员是本班群管理员,有管理群内正常秩序的责任和义务，管理员可两位家长同时进入。

3.鼓励家长在群内分享育儿经验,对于幼儿个别问题，可以单独与教师做更具体沟通。

4.微信群作为家长与教师沟通的平台,不建议幼儿在群中发言。群中仅可发送与孩子在园内学习、生活相关的消息。请假、吃药等信息请电话或当面告知教师。

5.退园幼儿家长请自觉退出该群,幼儿毕业后该群解散。

教师公约

1.工作时间手机只限于照相使用，不使用时，放于班级隐秘处。

2.40位微信群成员组成：25名幼儿家长+2位家长委员会成员+2名教师+4名行政人员+7位班长，全体成员按职位更改名片。

3.每周在群中发送关于幼儿一日生活活动新闻不少于3条，每条需配简单文字说明。

4.新闻发送、更新、答家长问、与家长沟通不得占用带班时间。

5.离职人员不发有损幼儿园工作的言论，离职后自动退出该群。

一共10条，家长5条，教师5条，非常公平。如果有公约里涉及不到的、大家都感觉不好的现象发生，家委会的家长也有权制止。园长每天都会去察看群里的内容，如果老师发布的图片或文字不太合适，她就会及时提出来，让老师改正。这样一来，有了明文约束和监督，群里的秩序就有了保证，充分地保障了家园之间顺畅的沟通。

以后，可能还会出现这样或那样的问题，这些都不重要，重要的是这个举措与时俱进，微信让“家园共育”这个模式有了更精彩的一面。正如园长所言：“问题总是难免的，毕竟是个新鲜事物，那就一边摸索一边改善吧！”

二 我们的“家委会”

说到家园共育，就不得不说汇佳“家委会”。“家委会”全称是“汇佳幼儿园家长工作委员会”，可别小看这个“非正式的民间组织”，它可是整个“家园共育”模式下很重要的一环，是汇佳一个极具创造性的举措。

要说这个组织从无到有的过程，真的非常有意思，它可不是哪个园长或老师一拍脑袋就想起做这个事的。

几乎所有的幼儿园都会遇到这样的问题，家长把孩子托付给幼儿园，总想幼儿园要做得更好，即使幼儿园做得已经够好了，他们仍然不会满足。家长的心情是可以理解的，但问题也总是要解决的。家长的问题如果处理不到位，就很容易形成敌对情绪，园里的工作也就很难正常开展。

汇佳幼儿园这方面的问题更甚。因为名气大，教学质量名声在外，慕名而来的家长中好多都是各行各业的精英人士，甚至还有幼教方面的专家，他们要求的标准会更高，眼光会更“挑剔”，他们会从各自专业的角度给园里提出意见和建议。这当然是好事，好多意见和建议极具参考价值，对提高幼儿园的工作水平大有裨益，也能更好地促进幼儿园的长远发展。当然也不排除有某些比较外行的家长提出一些不太正确的意见。不管遇到什么情况，老师们都会尽力给家长们一个满意的答复。

不过，也有力不从心的时候。园里的老师以年轻人居多，社会阅历还不是很丰富，平时除了上课，还要跟各式各样的家长“周旋”，难免会出现失误，引起家长们的不满。

好在，汇佳自上而下都有一个创造性解决问题的好氛围，园长也好，老师也好，遇到问题都不会局限于以往的经验。针对这个棘手的家长工作问题，经过一段时间的研究讨论，大家一致认为，既然家长有这个诉求，何不给他们提供一个平台，让他们尽情施展自己的才华呢？一来可以创造性地从根本上解决家长工作难题，二来可以整合各方资源，帮助园里提升教学水平。

这样一来，双方都满意，两全其美的事，何乐而不为呢？于是，成立“家长工作委员会”的计划就正式提上了日程。

有了计划和目标，剩下的事就好办了。首先是委员会的人选问题，这个人选要满足两个条件：一是要有“意见领袖”的风范，二是要有足够高的专业水准。凡是满足这两个条件的家长，园里会择优给他们发正式的聘书。聘书会在家长会上进行宣读，对于受聘的人来说，这是很荣幸的一件事，一方面可以发挥自己的专长和才能，有一席用武之地；另一方面，通过这个平台也可以和幼儿园进行更好的沟通，对孩子来讲肯定是有好处的。所以，收到聘书的家长都很乐意接受这个差事。

这一届的家委会人选确定之后，幼儿园会根据每个成员的“特长”做一个统筹的安排。比如，有的家长从事早教工作，园里就会根据她的专长，多安排一些相关的培训课程给老师和其他家长充电；有的是心理方面的专家，幼儿园就会时不时地请她过来探讨分享一些实用的心理知识；有的家长手工比较厉害，就请她过来当一天老师跟大家一起做手工。总之，千方百计地把这些优秀的资源进行有效整合。从这个层面讲，家委会实际上是一个由幼儿园和家庭共同组成的学习社区，互相学习，共同提高，消除误解，所有的人都受益。

在这个社区里，大家都是平等的，没有任何高低贵贱之分，任何一个家长都可以和园长、老师进行顺畅的交流沟通。有很多家长特别喜欢这种氛围，都舍不得离不开了。曾经有这样一个事，有个家长因为搬家，考虑到距离远、接送不方便，就给孩子在新家附近重新找了幼儿园。大概过了半年，他们又回到了汇佳，宁可每天辛苦，也要回到汇佳来。这个家长说：“在汇佳，我可以跟园长成为好朋友，孩子在这儿我特别放心，真的难舍难分了。”“学习者社区”的吸引力可见一斑。

当然，家委会的工作远不止于此。包括管理微信沟通平台、策划组织大型活动、园里的开放日组织家长来参观、集体备课等等，这些工作都有家委会的参与。

策划组织大型活动是“家委会”的拿手好戏。我们最近的一次运动会就是“家委会”的杰作。从前期的整体策划，游戏项目的安排，中期的彩排，运动会举行期间的裁判、后勤服务事宜，家委会都全程参与。因为园里的老师以女性居多，老师和家委会的家长就有意让更多的男家长参与进来，他们从男性的角度提出了很多好的建议。在运动会举行期间，这些男同胞作为裁判跟小朋友一起玩，孩子们玩得兴高采烈，运动会获得了圆满的成功。

集体备课也是家委会的重点工作之一。汇佳的课程安排独具特色，老师们会在某一段时间内安排一个主题课程，这些课程不是照本宣科，书本上也根本就没有，而是根据孩子们的特点和需求，在国际文凭教育基础课程的框架内自己设计。课程在设计的时候就有家委会参与。比如，在每年的七八月份，家长都会安排孩子们出去旅游，那段时间就会安排一些与旅游有关的主题课程。这个课程在设计的时候，每个班会邀请三到四个家委会的家长过来参加。主持的老师会告诉各位家长：这个课程的初衷是什么，包含哪些内容，要让孩子从中学到什么，等等。

家长了解到了这些信息，一方面可以知道孩子下一阶段的学习情况，对学校的教育理念有更深刻的了解，另一方面可以更好地发挥自己的特长，提出自己的建议，与老师一起把课程的流程细节设计出来。

这就是汇佳的“家长工作委员会”，这也是汇佳人的骄傲，是个真正为孩子着想“服务”的组织，它的出现为汇佳书写了很多精彩的篇章。一个简单的创新，就取得了令人称道的成果，这是汇佳与家长一起努力的结果，是家与园共同智慧的体现。

新的时代，总会有新的挑战，但是只要能保持创新，那就没有解决不了的问题。汇佳的“家园共育”模式，目前在国内的幼教界“独一无二”。我们愿意与家长一起，共同推进这个新生事物的成长。这也是为了孩子更美好的未来……

1. 我们毕业啦
2. 快乐的小博士们
3. 多才多艺的幼儿园教师
4. 成长从这里开始

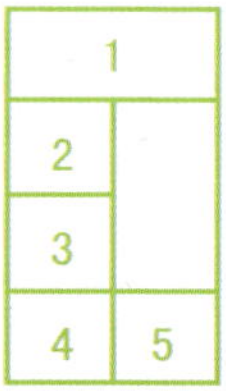

1.被污染的海洋
何紫晗　4岁　汇佳幼儿园星星园
2.跳绳
马翊天　5岁　汇佳绣江南园
3.快乐成长
向梓桑　6岁　汇佳上地摩码园
4.喜鹊的家
刘勇谦　5岁　汇佳咏江苑幼儿园
5.我的自行车没气了
蒋状壮　5岁　汇佳咏江苑幼儿园

第六章 | 汇佳之星成长记 |

当他们来到这里三年之后，小豆子长成了什么样?

所有的人都在屏息凝视着，等待着那神奇种子绽放的一瞬。

接下来，我们将为您揭晓答案。

卓卓、泽泽、丁丁、格格、凯林、小雪、振昊、甜甜、子渔、睿睿……

十个人，十个相同又不同的答案。

相同之处，是他们同样的精彩和快乐。

这一类儿童，作为教育工作者，我们管他们叫“未来萌豆”，未来的儿童、未来的世界，理应如此。只精彩而不快乐，或者只快乐不精彩的人生，都乏善可陈。不同之处在于，这些小植物，以自己的，而非齐整的方式，“千奇百态”地怒放。

有何不可呢?

多元智能、尊重个体化差异，正是国际文凭组织小学项目与汇佳教育的核心，这也是我们想要奉献给孩子与家长的终极礼物。

当我们承认了每个生命体由内而外的截然不同，并发自内心地尊重他们、体恤他们、为他们注入灵动之源，园丁的使命才算达成。

而未来，也会因此带给我们更多想象、无限惊喜。

未来萌豆，我来了

——敢于冒风险的人

看到这个题目，也许有的读者会捂嘴偷笑：中国的小孩如果敢冒一点儿自己的风险，释放一下自己的个性，可能得冒着被爸爸扇两个大巴掌的风险。

问问自己，小时候是不是曾经为了一点儿“冒险”的乐趣挨过老爸的大巴掌？想一想是不是还心有余悸？嘿嘿……

卓卓同学可能比你我幸运，因为他遇到了一个敢于放手让他冒风险的爸爸，他遇到了一个让他的个性能够充分释放的幼儿园。

卓卓三岁的时候，爸爸就带他一起爬山，他爸爸的目的就是要培养孩子的自信、坚强，所以三岁的时候就让他爬香山，后来爬八大处。三岁、四岁、五岁的时候爬香山，爸爸一步都不抱他，让他自己登顶。所以卓卓在小小年纪时，就体尝到了“会当凌绝顶，一览众山小”的快乐。

卓卓的老师介绍道：“这个孩子运动能力、身体都特别棒，卓卓上K3的时候，也就中班年龄段的时候发过一次烧，烧了一夜。头一天晚上他爸爸跟我说，我们家孩子发烧了，38度多。我想第二天估计他不能来了，会歇两天，结果第二天他照常来了。我说你病好了吗？他说不烧了，没事了。第二天的学习、活动一切正常，说明他平时身体锻炼强度大，身体条件好。这种孩子就属于喜欢运动、身体素质比较高的，这样平时我们就多让这个孩子做榜样，带领大家一起运动，比如跑步的时候让他在前面领跑，让他帮助大家，因为孩子们的个体差异是不一样的。”

一般来说，由于根深蒂固的旧式价值观、教育理念的影响，中国的家长对孩子是非常溺爱的，并不是所有的家长都能有像卓卓的爸爸这样放手让孩子独立成长的开明理念。所以平时我们就要多做工作，做家长的工作。道理讲明白了，理念讲通达了，有现成的榜样，都是为了孩子好，家长的观念其实也是可以转变过来的。明白了让孩子健康地成长是我们所有工作的中心和目的，家长也就非常配合了，同意让孩子多锻炼，多做户外运动，少抱孩子。当然，安全是我们放手的前提。从内心来说，我们也很感谢家长的信任，因为很多家庭现在都是一个小孩，都非常宠爱孩子。出去玩的时候都以保护为重，生怕把孩子磕碰着了，所以给到孩子的锻炼很少。这样我们拿卓卓为例子，说服了很多的家长。家长也很配合，和我们一起做工作，积极传播让孩子自己锻炼独立运动的理念。家长们在传播理念这方面，帮助我们做了很多的宣传。

正如西谚所云，上帝不会慷慨地把所有的恩赐一次性地全部赐予一个孩子。卓卓的身体素质虽然很好，但是他的性格比较内向，内敛、害羞、缺乏自信。比如，有一次爸爸带他去观看木偶剧院的一个演出时，中间有一个互动环节，下面的孩子们都愿意举手去参加这个互动，卓卓就不敢去，怎么动员他都不上去。为此，卓卓的爸爸很困惑，特别苦恼。K1、K2的时候，卓卓的爸爸一直在跟汇佳的老师们谈，说这个孩子缺乏自信，希望汇佳幼儿园能够帮他把这个自信心建立起来。卓卓的父亲特别希望卓卓能够在大庭广众之下，当着大家面，像其他孩子一样侃侃而谈。汇佳幼儿园的老师在和爸爸沟通的时候，先劝他不要太着急，因为孩子的个性养成不是一蹴而就、一夜而成的，不能有拔苗助长的急切心态，得慢慢观察，慢慢培养，慢慢来。

望闻问切之后就是对症下药。接下来，老师在班级里面的活动中就有意识地多给卓卓一些表现的机会，引导他多参与群体互动活动，鼓励他，激发他，让他相信自己。在班干部的任命上，直接任命他当组长，当班长，让他担当责任，没有退缩的机会，帮助他建立自信、建立威信。

卓卓的老师说："帮助他去建立这个威信，让他觉得我行，我可以。以前他就是因为缺乏自信，觉得自己不行，所以事事都退在后面。经过一年多的锻炼，卓卓进步了很多。在2012年举办的新年联欢会上，卓卓跟他的爸爸需要一起表演一个节目。他爸爸是警察，因为太忙没有准备，于是跟他商量，咱们俩表演什么？他自己说，那表演一套功夫操吧！他们俩就上去了。虽然是临时抓上去的，但是他表演得特别好，特别自信。所以当时我们认为这是他的一个很大的转变，后来也证明了这一点。"

接下来，卓卓爸爸的高兴劲儿就别提了，而卓卓的老师甚至比他们父子俩还欣慰，毕竟，这是汇佳幼儿园在遵循了人性的教育规律辛勤浇灌之后结出的又一果实。

这个故事的结尾是，卓卓同学成为了一个身体强健、敢于表达、很自信、很阳光的小男孩儿。

温良恭俭让，对吗？对。

鼓励冒险、鼓励出头、鼓励冒尖儿、鼓励承担责任，对吗？也对。

都对。孔子说：因材施教。教育的最终目的，是培养健全的人——健全的身体，健全的人格，健全的表达能力。

二富有同情心的人

本文的主人公叫小雪，中午在宿舍午休的时候，有时候她会被尿憋醒。她想起来尿尿，可因为自己睡在上铺，她觉得下床铺的时候会影响到睡下铺的那个小朋友，怕吵醒她，就憋着。后来实在憋不住了，就尿在了床上。

我们从来不会要求孩子中午睡觉的时候不许小便。因为有几次发现小雪有这个情况，老师就提醒她："老师希望你上床之前先去小便，中间尽量不要起来，那样你可能会着凉，或者会让你睡不踏实、睡不好。"小雪就这样告诉老师："我下来的时候，那个床会动，我害怕吵着下面那个小朋友。"

由此可见，这孩子特别善良，特别能为人着想。

"没关系，小雪，"老师对她说，"以后你想小便了就去小便，不能憋着，对身体不好。"

以后她尿床了，老师也不会当着其他小朋友的面说这件事。老师会偷偷地把她的床单、衣服洗了，不让别的小朋友知道。因为要照顾到孩子的自尊心，孩子也是有面子、有尊严的。

读汇佳幼儿园的时候，小雪的父母已经是离异状态。小雪在家是老二，她还有个姐姐。当时小雪的爸爸妈妈生她的时候其实是想要个男孩儿的，结果又生了个女孩儿，所以她爸爸特别不喜欢她。

后来，小雪的妈妈觉得小雪越来越不爱说话，眼神里总是透着一种特别可怜的神情。妈妈试图改变父女间的这种关系，想给孩子一份饱满的爱，一个完整的家。但是无论妈妈如何努力，爸爸对这个孩子的态度都不为所动。最后，为了孩子，小雪的妈妈决定离婚。

小雪刚来的时候三岁多，不到四岁，是小班的下学期转过来的。她到我们班第一天，妈妈把她拉过来的时候，她怯生生地在妈妈身子后面躲着。老师蹲下来抱她。

她特别害羞，一个劲儿地往妈妈后面躲。然后老师说没事，阿姨特别喜欢你，想抱抱你。老师先拉拉她的手，慢慢地稍微抱抱她，慢慢地亲近她。后来经过一段时间的观察、了解，我们发现小雪很聪明，生活能力很强。但就是内向，基本上不说话，有时候一个月都说不了几句话。

小雪也不主动跟别的小朋友玩，看上去特别孤独。老师决定先跟她交流，先跟她交朋友。为什么？因为汇佳幼儿园的班主任都是首先要关注到那些别人关注不到的孩子，要把爱心首先给那些欠缺爱的孩子。

小雪的班主任介绍道：“第一个星期上课的时候，我们会让她坐到我的旁边，经常摸摸她的脑袋，给她一些鼓励；户外活动的时候，会主动带着她，主动亲近她。慢慢的，大概半个多月之后吧，这个孩子开始想说话了。她不会当面跟你说，老师我想要做什么，她会轻轻往下拉你。意思就是说你要蹲下，她要跟你说话，像说悄悄话一样。”

就这样，她开始跟老师说话了。但这远远不够啊！得让她跟别人说话。小雪的老师说：“那个时候我们就在班上开展了一个活动，主题是让孩子们把在幼儿园发生的一些好的事情、开心的事情讲给小朋友，把不开心的事情也要讲给小朋友。我跟孩子们说，我们首先来讲讲那些不开心的，如果时间不够用，我们就光讲那不开心的，晚上把开心的事情讲给爸爸、妈妈听。这样把不高兴的事情都丢在学校里了，回家后给爸爸、妈妈呈现的都是好的，这样安排我觉得比较好一点儿。别的小朋友说完之后，就轮到小雪了，她就不敢说。”

后来老师说：“要不你还趴在我这儿说吧！趴我耳朵这儿说。”

然后小雪就趴在老师耳朵边说了一句话：“我能叫你妈妈吗？”

“可以啊！”老师跟她说，“我说咱们要跟小朋友讲一个，你今天比较开心的事情。你今天最好的事情，最开心的事情，就说你在幼儿园认了一个妈妈，对不对？”

她点点头：“嗯！”

这是小雪第一次当着所有小朋友的面有一个彻底的明确的表达。

在班主任张老师的引导下，小雪开始跟别的小朋友一起玩儿了。开始的时候，张老师让班里一个主动性特别强的小女孩儿主动找她玩，那个小女孩儿叫添添。最初的时候，小雪老跟着添添，添添不管学什么东西，她都跟着学，并且她毫无条件地信任添添，永远会听添添的话，就这样，两个人玩在了一起。看上去，小雪不会去当一个领导，似乎永远都是被别人领导的一个孩子。

后来我们觉得不对啊，你不能老跟在别人后面，别人干嘛你干嘛，这样也不对。后来我们就想办法尽可能创造条件让她去领导那些能力比她弱一点儿的，也不是领导，就是说激发她的爱心和能量去帮助别人。

小雪其实是一个很聪明很有生活能力的孩子。通过这样的方式，她的能量，她的爱心，她性格中的善良慢慢地散发了出来。像在幼儿园的时候，小朋友摔跤了，她总是第一个跑过去，把小朋友扶起来。再比如说哪个小朋友生病了，要记着提醒他喝药什么的，我们有的时候比较忙，有些事情怕忙忘了，需要身边的一个“小伙伴儿”到时候帮着提醒，会专门告诉她，对她说你帮老师记着，记着什么事情，到时候如果老师忘了，你要记得提醒老师，她到了那个时候就会提醒我们。我们让她参与到老师的事情甚至老师的工作里面来，这样她就觉得她在这个班里发挥了很大的作用，她就觉得自己特别能干，慢慢地有了很强的自信心。她还特别喜欢做手工，经常在美工区跟别的小朋友比着画一些特别漂亮的东西，她看着别人画得很好，她在旁边就偷偷瞄。看这个画，看那个画，把那些好看的元素，画到她的画上。

老师也常跟小雪妈妈说：“一定要弱化孩子对爸爸的那种仇恨，要经常带她去她爸爸那儿也转一转，因为双方没有再婚。”爸爸带的是老大，妈妈带的是老二，老师告诉老师小雪的妈妈让她跟姐姐也要经常在一起玩一玩。后来老师听她妈妈说，爸爸也开始喜欢并且越来越喜欢这孩子了。可以想见，小雪能在幼儿园很贴心，对爸爸一定也特别贴心。这是孩子实实在在的进步，她爸爸也觉得挺感动，觉得以前对不住孩子。

在这样爱的供养、爱的光芒里，小雪获得重生。

那是一次跳舞时，小雪跳得特别认真，她不是跳得最好的，但是她是想跳到最好的那种孩子。班上也有几个能力比较弱一点儿的孩子，在学的时候可能动作老做得不太对。

在休息的环节，小雪把那些跳得不太好的小朋友叫过来，温婉得就像一个小姐姐："来，我教你。"

老师不可置信地看着她，说："你为什么要教她们啊？"

小雪说："我把她们教会了，待会儿你要再教我们跳的时候，我们跳得不就好一些了？那你不就稍微省点儿心了吗？"

多么让人感动，欣慰的一句话！

从柔柔弱弱的豌豆荚，小雪竟成长为可以去帮助别人的小"骑士"。她的"强大"，她的善良，也许只因为她感受到足够多的爱。足够多的爱，能让冰棱都绽放多姿的形状，让深海里的珊瑚都焕发出奇异的光。

二 探究者

20世纪80年代，改革开放之初，邓爷爷就发出了"科学技术是第一生产力"的宣告。

"80后"小时候写作文《我的理想》，小伙伴们十之八九会写：长大了，我要当一名科学家。

"80后"的小伙伴们长大了之后同学聚会，发现……没有一个科学家！

其实，没有成为科学家，成为一个科研工作者也是不错的。

怕是怕，不知道中间因为什么原因，受什么影响，一个本来是一流科学家或者科研工作者的胚子成为了一个三流业务员。

这种影响可能来自职业价值观念，也可能来自未能敏锐发现孩子探究天赋的观察盲区。

也许，在成长的过程中，有很多孩子在专业和工作中走了一条和自己的天赋不贴合不相称的道路，因为并不是所有的家长和学校都能够善于发现并且引导孩子的天赋的。

如果让林肯去发明蒸汽机，让爱因斯坦去画油画，让钱钟书去研究哥德巴赫猜想，世界将会怎样？

“00后”的凯林同学是幸运的，他不仅遇到了发现了他独特天赋的家长，还遇到了一个“纵容”、鼓励他“捣蛋”的幼儿园。

2012年的一天，凯林来到了汇佳幼儿园K2小班。

他转遍全园，左瞅瞅，右看看，眼睛滴溜溜地转，好像在搜寻着什么掩藏了千年的宝藏。

他真的发现了宝藏！

那是几个粗细、宽窄、大小不一的滚筒，他把几个筒平放在一起，开始往里钻。

钻到了最里面的一个小筒里，他动弹不得，出不来了！

他开始哇哇大哭。

老师和家长正在满园里找他，循着哭声，找了过来。几个人把筒七手八脚掰开，把凯林“救”了出来。

老师问他：“难受吗？”

“难受。”

“下回还钻吗？”

“钻。”

家长和老师哭笑不得。

又有一天，凯林趴在教室窗口，看着远方，忽然喊起来：“着火啦！着火啦！”

老师们吓了一跳，跑过来顺着他的目光望向远处，问：“哪里着火啦？”

凯林同学手指着远处的一个地方，说：“那里，就是那里！”

老师们顺着他手指的方向看去，那里连半个火星儿都没有。

凯林开始描述，又像是自言自语：火是怎么着起来的，开始多大，后来火借风势，烧到了多大。一个长什么样儿的人打了119，不一会儿，消防车呼啸而来，穿着橙色衣服的消防员们如何英勇扑救，先后用了几种工具、器材之后终于把火扑灭了。走时，消防员还向他挥手致意！

老师们吃了一惊：这个孩子的想象力真够丰富的，而且思维严谨，逻辑性强，构建故事的能力相当厉害！

当然，这里是汇佳。如果换一个学校，换一些老师，可能会得出一个这样的结论：这是个问题儿童！

在这里，凯林却成为一个得到了老师们特别关注的“宝贝儿童”。

“有时候我们上完正式的课之后，会带他去植物园，给他布置一些特殊的‘作业’。比如捡一些叶子，要他用这些树叶去拼图；比如带他观察几种特殊的植物种类，回去帮他制作一个自己的小册子，写些植物笔记什么的。”凯林的老师说。

凯林的老师走访了解到，凯林的妈妈是非常细心的一个人，经常跟凯林沟通、聊天，发掘他的兴趣点，每天都给他讲一些科技类的、能激发他想象力的故事。平时经常带他去科技馆、天文馆了解科技常识。天气好的时候就带他去户外游玩、采摘，亲密接触大自然。如果遇到了假期，凯林的爸爸妈妈会利用半天或者一天的时间，把自己的工作全部放下，专心陪孩子出去转。回来之后会引导孩子写一些反思、感想的笔记，或者画画，抑或动手制作一些东西。

“他的作品很多，凯林爸爸妈妈的这个教育理念非常好，善于发掘孩子的天赋，善于引导孩子的学习，对孩子的教育很上心，对孩子独特天性的发挥很支持。他们自己是工作、生活、孩子三不误，这样的家长真是我们学校教育的‘黄金搭档’。”凯林的老师高兴地说。

今年，凯林从汇佳幼儿园毕业，在汇佳小学一年级上了一个学期之后，直接跳到了二年级——他的知识储备已经远超过了同龄人。

对于一个孩子来说，凯林前面的路还很长，他会不会在科技之路上结出丰盛的果实来？不知道，谁也不能过早地给他打这个保票。但是有一点可以肯定，只要他这一路上遇到对的老师、对的学校，只要他的父母一如既往地支持他的兴趣发展，只要他自己对这个世界的探究欲望没有稍减，他就可以按照一个正确的轨迹一直成长。

祝福每一个孩子都能遇到对的老师，祝福每一个孩子都能“正确”地成长。

二 思考者

如果你问一个四岁的小朋友，爸爸的舅舅你叫什么？有的宝宝可能要想一会儿才答上来。

可当这个四岁小朋友反过来问你一个“为什么痒痒挠挠就不痒了”的问题时，可能你会哑口无言。

因为，在孩子的世界里，有我们成年人进不去的“哆啦A梦”。

“快来看呀，这个菜叶上有个新的小洞洞，是不是蚂蚁宝宝把它吃掉的呀？”刚过四岁生日的陈薇，身上还穿着妈妈买的生日新衣服。她使劲地招着肥嘟嘟的左手，招呼旁边的几个伙伴赶紧过来。

刚来汇佳不久，陈薇就喜欢上了这里。因为在汇佳不但可以玩得很开心，而且还有许多和她一样充满好奇的小搭档。

丁丁是她的最佳搭档。他比陈薇早入园半年，是个大她7个月的男孩。爸爸在一家进口汽车4S店担任主管，机械电子专业毕业。

听到最佳搭档的呼唤，丁丁没等给小贝喂完下午茶点，就惦着脚丫、一颤一颤地跑到了陈薇身边，小手捏着的半块奥利奥饼干屑撒了一路。

小贝，是一只被丁丁收养的宠物蜗牛，正在“蜗居”里享受美餐。

“这个圆圆的洞，可能不是蚂蚁宝宝吃的，因为蚂蚁的牙齿是尖尖的。”丁丁像个大人一样，分析着搭档的新发现。

从蹒跚学步开始，丁丁就表现出超乎常规的好奇心。“蜗居”是一间用饭盒搭成的小贝专属公寓。公寓名字，是丁丁和爸爸一起想出来的，饭盒是丁丁在小区垃圾筒里发现的战利品。半年前，丁丁把这个DIY作品送进了汇佳“植物角”。

“植物角”在园区东侧一楼朝北一间大教室里，占据了房间的半壁江山，现在成了孩子们的生态乐园。在丁丁们的眼里，那就是一个小自然。里面的很多“宝贝”，都是小朋友们在老师的带领下，参加各次园外活动时发现并带回来的。搭配的一片散落有致的迷你公寓，有的是塑料做的，有的是陶瓷制品改的，也有丁丁带来的不锈钢饭盒。几株悬在半空中的盆栽吊兰，叶子长到了孩子们伸手就够得着。Mickey老师从女朋友那里搬来的一束富贵竹，正在精美的大花瓶里茁壮成长，几条小金鱼在竹根周围嬉戏，不时又静谧地啃起腐烂的表皮。

去年夏天的一段时期，北京的雨水特别多。一天下午，雨过天晴之后，园内滑梯西侧的一面墙上，不知道从哪里来了一支蜗牛大军，浩浩荡荡、奋勇争先地攀爬，似乎想要翻过墙头去看看外面的世界有多么精彩。墙角边上，四五只蚯蚓形神各异，有的正在伸着懒腰，有的伸出脖子看看越爬越高的蜗牛邻居。

正带着宝宝们用手机给含珠小草照相的Mickey老师，不经意间看到那个蜗牛、蚯蚓成群的墙边。一瞬间，耳边立刻回荡起两段旋律的混搭交响：

“我要一步一步往上爬，等待阳光照进我的脸……”

“外面的世界很精彩，外面的世界很无奈……”

看着执著蜗牛群，再看着无邪的宝宝们，Mickey老师的灵感被触动了，立即召集大家走到墙边一起蹲在地上数蜗牛：“一只，两只，三只，四只……”

“老师，这些蜗牛要去哪儿啊？”丁丁的好奇之问，打断了大家的数数节目。

“老师也不清楚啊，它们可能是要去外婆家吧。”Mickey老师学着用小孩子的语调回答。

“那，蜗牛的眼睛在哪里呀？它晚上看得见回家的路吗？”丁丁大概是想到了爸爸经常从外婆那儿接自己回家。

Mickey老师抓了一只爬得最高的蜗牛，指着它伸出来的脖子说：“你看，它的眼睛就像两个蘑菇头触角，平时躲在壳里，需要爬行的时候才钻出来找路。”

可能是害羞，蜗牛很快就把触角缩回了壳里。

“老师，蜗牛有牙齿吗？”“老师，蚯蚓为什么没有壳？”“老师，有一只蚂蚁在吃我们掉地上的小糖块……”宝宝们的好奇心被激发了。老师也会适时给孩子们现场“出难题”，让他们数数蚂蚁有几条腿、看看喇叭花有几个花瓣。

“蜗牛冬天会冷吗？能不能给它们做个房子，让它住进植物角呢？”丁丁把自己的这个想法留给了爸爸。

晚饭后，爸爸带着丁丁在小区里散步。走过路灯下的垃圾筒时，丁丁喜出望外地喊道：“爸爸，那个筒上面有一只蜗牛！”

“哎，丁丁，手别碰，筒脏！”爸爸拽着他的手，不让碰到垃圾筒。

“爸爸，我想要这只蜗牛。”

“丁丁，爸爸用纸巾帮你抓，你手不要去碰筒，好不好？那个是专门用来装垃圾的。”

“哦，这是垃圾的房子。可是，这些房子为什么有的是绿色，有的是黄色呢？”

“嗯，对！你看啊，右边这个绿色的筒，是用来装可以回收的垃圾的；左边这个黄色的筒呢，就是用来装不能回收的垃圾。”

“哦，知道了。爸爸，我想再去找找看还有没有蜗牛。”丁丁拉着爸爸继续找“筒”摘蜗牛，在小区里转了一圈也没有新的发现。

“爸爸，为什么只有一只呢？”

“因为这个筒是放在路灯的正下方，蜗牛就找有光亮的筒爬。”在爸爸耐心的解释下，丁丁带着那只蜗牛小贝回家了。

第二天，丁丁把小贝装在一只威化饼干包装袋里，当成宠物带着上学去了，又在第一时间把抓小贝的故事和学到的知识，告诉了最佳搭档陈薇。

后来，对垃圾筒有了兴趣的丁丁，在几次陪妈妈出门倒垃圾的时候，问清了垃圾筒上面各种标志代表的意义。

在汇佳幼儿园，丁丁总是能够提出这些类似的有趣困惑，然后在老师、家长们的耐心引导下，“十万个为什么”被一个个地变成了“原来是这样”。

二 反思者

甜甜是个小孩儿。

幼儿园的小孩儿。

但甜甜的爸爸妈妈是大学老师。

但甜甜念的不是父母所在大学的幼儿园。

甜甜念的是汇佳幼儿园。

为什么呢？

因为……

甜甜的个性。

在以前的幼儿园，常常出现这样的状况：别的小朋友还在上课，她就旁若无人自顾自地出去玩儿了。

为什么会这样呢？

我们观察到，不仅是在以前的幼儿园，就算在汇佳，甜甜也常会出现拔腿就走的情况。遇到特别有兴趣回答的问题，如果外教老师没有提问到她，她就不高兴了，走出班级，在整个幼儿园里转悠，老师把她领回来，她的小脸也写满不高兴。

科学的教育理论认为，4岁左右的孩子，已经开始懂事，自尊心会很强，如果经常批评孩子，或者无视孩子的需求，会导致孩子产生强烈的逆反心理。那时影响的不仅仅是老师和孩子之间的关系，班里的小朋友对他也会投以异样的眼光，把他当“异端”、“另类”看待。这样人际关系给他的压力会越来越大，甚至会影响到孩子性格的健全发展，相伴随着的是，孩子家长的压力也越来越大。

而原来幼儿园的老师，采取的方法恰恰是硬碰硬。放学后拉住甜甜的爸爸妈妈说甜甜这儿不对那儿不对。这样一来，不仅孩子越来越不听话，连“老来得子”的家长，也有些逆反，“我们真的希望孩子的童年过得快乐一些。心理上不要承受太大压力了。”他们向我们倾诉。

心灵的褶皱是可以平复的，只要足够好，足够耐心，找对那个痛点。面对小甜甜，我们采取的是柔软而折中的方案。

我们对甜甜说：“甜甜，你想回答问题，这是个非常好的事情，说明你在课堂上听课很专注，肯动脑筋，对老师提出的问题反应积极。老师鼓励你这样做，以后你想回答问题可以直接跟老师说，老师一定非常乐意让你回答。只是有时你没有把自己的意愿表达出来，老师不知道，没有点到你。以后你心里有什么想法，有什么意愿就直接表达，不要自己觉得受了委屈就走，这样老师会很担心。”

其实，汇佳幼儿园的老师基本上每天都会和孩子的家长做一个交流，晚上送孩子离园的时候，也会和家长说一说孩子一天的情况。但是我们做家长工作，不会把家长孩子一块儿留下，我们或者请孩子妈妈留下，让爸爸带孩子去玩；或者是相反，总之尽量避开孩子，不要当着孩子的面说问题。家长们也普遍反映这样的方式比较好，其实孩子的心灵很脆弱，她肯定也明白自己有不好的地方，但她无法完全控制自己的情况。家长、老师的逼迫，只会加剧她的不安。甜甜所有激烈的表现，是长期积累的内在压力的外在表现，不是一天两天形成的。在矫正方法上，我们尽量多鼓励，以鼓励和疏导的方式为主。当甜甜表现得很尖锐、发脾气时，也不会对她大声呵责，至多请她到反思椅上坐一坐。

让孩子反思自己的习惯，比较自己的优势与劣势，最终得出比较客观的结论，也许，比大人的说教，管用100倍。

果然，到了K4以后，甜甜的表现明显好转了，她没有一不高兴就离开教室，不高兴的时候，她会跑到老师跟前，捂着小嘴巴说：“老师，我可不可以和你说个悄悄话？”

看着那可爱的小表情，我们也乐了，这孩子，算是“回来”了。

甚至从她的绘画作品里，也能看出甜甜的变化。画作最能展示孩子各种深层的想法，一看她的作品，我们就知道，这孩子内心挺丰富的，只是一直不太善于表达。

原来的幼儿园装修了一年，快开园的时候，回去还是不回去，甜甜的父母又犹豫了一下，最终把选择权交给了孩子自己。

“我还想留在这个幼儿园，因为老师好，小朋友、学校都好。”甜甜说。

结果，甜甜就一直待在了汇佳幼儿园，没有再回去。今年，甜甜6岁，即将迎来她的毕业季。

二 胸襟开阔的人

“格格妈妈，你说的对，小孩子的每一个举动里都有他的内心世界。”琳达老师请格格妈妈坐在办公桌对面，手上拿着一张格格刚刚完成的简笔画。

今天下午是园里的月末家长会，还是按照惯例，家长和老师一对一，面对面。

“有时候，孩子想要表达的东西，可能连她自己都说不明白。但可以肯定，那都是孩子自认为最美好的事物。”

“嗯，我们全家人都觉得她来汇佳之后变化挺大的，叔叔家的小堂妹也开始喜欢跟她玩耍了。”格格妈妈一边说，一边侧身从挎包里拿出手机，找到两个孩子五一郊游时的合影。两个小精灵搂得紧紧地，生怕一松手对方就跑了一样。

以前的天空，可没有现在的星星。

琳达老师还记得第一次家长会上格格妈妈的独白：“也不知道为什么，女儿从小特别独，根本不懂得分享，妹妹不乐意和她玩。每次假期一起去看爷爷奶奶的时候，她又总是很强势，从来都不让着妹妹。”

“本来，小孩子嘛，互相有点儿别扭也正常。可是，她好像有点儿不近人情地蛮横。爷爷疼孙女，高兴了就带她俩去买零食，她倒好，动不动就把妹妹那份突然一下抢过来，占为己有。而且，哪怕妹妹在哭，她也一样若无其事。”说着说着，格格妈妈不免有些气愤，也有些无助。

“谁让你们给我起名叫格格呢？我就是要比别人有的多！”不到5岁的孩子啊，不知道从哪里听说“格格”就是公主的意思，所以听到妈妈的批评还格外理直气壮地“解释”，爷爷奶奶看着都直摇头。这样下去可怎么办啊？

聊到格格刚来汇佳的时候，琳达老师也觉得她确实有点儿“格格不入”：从早到晚都拿着一个米奇水壶，埋头一声不吭地看卡片书。书包里的零食、玩具，哪怕是一块糖、一个布娃娃，她都不愿与小伙伴分享。课间休息时，孩子们都乐此不疲地跑去植物角看“调皮小宠物”。只有她，喜欢独自坐在小板凳上发呆，一会儿又冷不丁地弄翻小伙伴刚搭好的积木塔。

“那几天我很好奇，格格到底是不太适应环境，还是天生性格狭隘？”琳达老师推心置腹地说着心里话，忽视了格格妈妈脸庞掠过的一丝尴尬。这个与格格相关的一对一家长会现场，一杯绿茶在淡淡地散发清香，如同袅袅炊烟，朦胧中点缀着一段温馨的回忆。

格格的变化，缘于一次明显区别于小学学前班的国际文凭组织小学项目超学科探究单元授课。

在学前班的现有单科教学模式里，老师一般都是针对一个例子，先给孩子们示范怎么去做，然后鼓励大家“照猫画虎”。反应快的孩子，虽然很快就学得八九不离十，但也只能“单单地学到某一个点的知识”。

“汇佳就不一样了，咱这儿的课程提倡超学科，老师会围绕一个点教你一个圈，或是一个面。”琳达老师的解释，带着一点儿哲学的味道，“比如说，上个月底，我们有一节课主题是教孩子们数值比较，包括大于号、小于号、等于号。”

老师在备课时，提前安排了这样一个生活小场景：玩小游戏抽选3个人分别扮演售货员、主角和家长，甜甜、格格和丁丁被选中了。琳达老师先让“家长”给“主角”5块钱，去找“售货员”买一盒3块钱的牛奶，“主角”把剩下的2块钱认真地交回“家长”。在“买”的环节里，老师给小朋友们现场讲，牛奶3块钱一盒，“主角”的5块钱没用完，有剩余的，那他们就知道了5大于3，这是大于号。牛奶“买”回来了，琳达老师就召集孩子们围圈提问：“谁知道喝牛奶的好处吗？”

“可以补钙”“含有蛋白质”“里面有糖”，孩子们七嘴八舌的答案，让琳达老师觉得很意外，4岁左右的小大人们居然懂这么多。

老师接着问谁的书包里带了牛奶。格格这次很踊跃地举手了，麻利地拿出书包里妈妈塞进去的特仑苏。“牛奶是健康环保食品。我们就用格格带的牛奶举例，里面有很多营养成分，比例最多的是钙质，比钙质少的是糖分，还有一些微量元素等，特别适合小朋友这个阶段长身体。”讲解完毕，琳达老师对格格破天荒的分享举动，给予了破格的表扬。

或许是幸运的抽签表演和老师的大力表扬，格格开始变了。

很快，在和甜甜成为第一个要好的朋友之后，格格也开始融入全班小朋友当中，并慢慢地成了焦点。

半年后，班上组织“每周之星”评比活动。机缘巧合，第一次出现并列最高票数的两个人竟然是甜甜和格格。琳达老师特意看了一下选票，发现两人都没有互选，就先问了甜甜：“你认为自己和格格，

该选谁当‘周之星’？”甜甜略显调皮略带自信地说：“那选我呗，我很优秀。”

当老师转头去问格格时，格格很大方：“那就甜甜吧，甜甜其实很优秀的。”

她长大了。

在格格升到K4，算年龄可以去上学前班的时候，爸爸妈妈就试着与小公主商量，是上学前班还是再留在这里一年？格格答应得很爽快，她还想在汇佳待一年。

“或许，这里有更适合她的东西。”格格妈妈欣慰地接受了老师的建议。

二 知识渊博的人

蜀将姜维与魏将邓艾，到底哪个更厉害？

5岁半的子渔小朋友，一心想找个明白人把这个问题问清楚。在第二遍“啃”完《三国演义》之后，很早就学会上网的他，忍不住借爸爸的电脑问起了百度先生。

刚进汇佳的那年，爸爸给子渔买了一套绘本版《三国演义》。从懵懵懂懂看插画，到一个一个武将“排”高下，渐渐地，子渔觉得早先的画册看得不过瘾，就哄着姥爷新买了一本纯文字版的《三国演义》。

“书刚买回来的那些天啊，他上厕所的频率明显高于往常。”妈妈告诉子渔的班主任艾米老师，“他小小年纪就假性近视了，家人就总说他，让他别长时间看书用眼过度，他还不爱听。”

读中班的子渔已经戴上了一副眼镜，成了一名“幼儿博士”。镜片厚厚的，和他瘦长的身体形成了鲜明的对比。担心孩子小，戴眼镜走路容易掉下来，王妈妈就把两个眼镜腿用松紧带绑成了一圈。每次开家长会时，她都少不了多叮嘱老师几句，提醒孩子多吃东西少看书。

“感觉他有点儿沉迷了，”妈妈说，“只要是有意思的书，这孩子就像着了魔一样，不喝水不吃饭不看电视。”艾米老师也注意到了这一点，所以只要是在幼儿园里，都会特别提醒他“少用眼多休息”，这和督促其他小朋友认真看书正好倒了一个个。

新一代的年轻父母们，都是在这样望子成龙的压力下自我“成长”的。

在这个科技高速进步的大数据时代，个人获取知识的数量、质量往往决定他的人生成就。新科父母们，更是希望孩子得到的知识都是既丰富多元又童真唯美的。子渔的父母也不例外，常常在给孩子选什么样的读物、培养什么样的读书习惯等问题上，产生一些分歧和纠结。当《喜洋洋与灰太狼》这部动画片红遍大江南北的时候，爸爸却坚持不让孩子看，认为红太狼总打灰太狼的价值观引导有误。妈妈倒是看得平淡一些，没说绝对制止，因为怕孩子在幼儿园里和其他小朋友“没有共同语言、玩不到一块儿”。

其实，这些关于如何引导孩子求知的问题，汇佳的老师们早就想到，面对只有几岁大、知识储备并不多的小孩子的需求，最关键的就是要掌握创造性、科学性和有益性的原则，每一次选择相关读物、组织交流阅读都应该慎重。这个理念，可以在汇佳每周两次图书分享活动中找到印证。这个活动采取与众不同的大书带小书形式，老师选来大书，孩子们带着小书，组成一个定期更新的共享图书馆。给孩子盲目选择读物的家长们，受到活动的熏陶，慢慢地放弃了喜洋洋之类的“暴力”而领着孩子看海绵宝宝或者辛普森。选择后者，更好地以一种幽默的方式教育孩子懂得人类温情。

涵涵爸爸和子渔爸爸都是被活动熏陶出来的。两人是同事，两个人的孩子更是两小无猜。5月底的一个分享日，涵涵带着自己刚从书店买的《地下一百层的房子和地上一百层的房子》，兴冲冲地拿给子渔读。

这一套书的设计很有意思，它的开页不是常见的左右开，而是上下开，小读者可以一页页地翻着读，就好像是在上楼，读到了哪一层，可以看到那一层住的是哪些动物，这些动物的一天是什么样的，它的家里边都有什么奇妙事物，等等。不难想象，这么受孩子们欢迎的书，涵涵刚淘到手的兴奋度有多高。

别看涵涵是个不满6岁的小姑娘，但她已经是新华书店老淘友了，尤其喜欢自己选书，那些画面精美、文字精炼的彩色绘本都是她的菜。一进书店，她就兴奋，精挑细选出一大堆。后来，逛的次数多了，她还琢磨出了一些门道。

“她挺厉害的，知道按照主题系列去买，选择著名出版社去买，甚至会挑那些纸张轻、油墨香的去买。”爸爸给了女儿一个比较中肯的评价。

两个孩子聚精会神地翻着一层又一层“房子”，看里面精彩纷呈的世界。艾米老师走过来的时候，正听见子渔在教涵涵认生字。

“这个字念yí，司马懿的懿，我们家的《三国演义》里有好多这个字呢！”

“嗯，我记住了。再翻一页，我们去读地上一层的房子吧。”

听到两人的细声讨论，看着分享活动的现场，老师觉得内心暖暖的。

二 交流者

汇佳K403班上学期一场颁奖盛典终场，名叫泽泽的小朋友，一个好样的汇佳宝贝，名列“英语希望之星”全国英语大赛的前三甲。

“尽管我们属于比较专业的英语特色园，但对于重视培养激发每个孩子特长个性这件事来讲，这并不算什么特色，而是我们很基本的工作要求。”老师非常善于挖掘小朋友的特长，也很客观直爽，“对表现突出的孩子，我们不会以能否让他获得高奖项为目标，因为汇佳完全不提倡太功利化。”

泽泽获奖回来没多久就升小学了。他在汇佳四年的成长经历，让老师和小伙伴们都记住了这个古灵精怪。

泽泽最开始入园的时候，让人感觉并不是一个出类拔萃的人。通过家长会与父母的交流往来，老师们了解到他们家在语言方面，或者说是英语方面，也只是普普通通，并不具有优势。“但其实这孩子一看就是又帅又聪明，而且在幼儿园里很自律，懂得自己照顾自己。”Lucy老师喜欢在回忆的点滴里找到陪伴孩子们成长的喜悦。

“之所以对他的培养更加用心顺畅，说来也和最开始他父母非常配合老师有关。像布置什么学习主题啊，安排什么活动素材啊，他们家人都非常认真，注意提高孩子独立能力、思考能力和动手能力，从各方面去培养他。”Lucy老师对于家长的配合表示了很多感谢。正是有着这样好的合作开端，为更好地实时沟通，泽泽妈妈成为Lucy老师加微信好友最早的家长。慢慢地，小泽泽学会了有想法先和妈妈商量，然后通过妈妈中转，及时和老师沟通。

有一次，小泽泽在妈妈给他报的英语辅导班上看到有同学报名参加英语比赛，既能学到知识，又能得到锻炼，他也觉得很好玩。回家后，就一个劲催问着妈妈能不能带他去买一本辅导书。书买回来，他发现那里有一个新的天堂，也有很多自己不懂的内容。

泽泽开始了一段自学之旅。别看他小小年纪，在园里，只要是不会读的句子、不认识的单词，他都会找Lucy老师请教。对于辅导班，更是由衷热爱。泽泽对自学英语情有独钟，这让汇佳的老师们很欣慰，谁都喜欢这样的好孩子。

好学、开朗是他的个性，也是老师们愿意辅导他的重要原因。不过，毕竟是几岁的孩童，他并不可能完全控制自己贪玩的心，有时需要一些管束。

一天午休前，泽泽突然嚷着想去看看从家里带来的、住在幼儿园“植物角”的那盆含羞草，就找Lucy老师商量“去玩一下”。国际文凭组织的理念认为，不管学生年龄长幼，老师和学生之间，都应当保持一种平等而有趣的朋友关系。Lucy老师并没有立即严词制止他，而是用商量的口吻回答道：“可以，但现在是睡午觉的时间了，要是现在去玩你只能玩5分钟，如果睡好起来去玩，可以玩20分钟。”他很听话地说现在就去睡觉。

也有商量遇阻的时候。由于他特别爱自学，爱看书，但又不太注意阅读姿势，以至于每次看书都需要被提前定时，约定看多长时间的书后就必须休息一下。阅读分享日里，他从共享书房里翻到一本《芝麻街幼儿英语》，立即像个大人一样如饥似渴地读了起来。当Lucy老师拿着调好的闹钟找他商量说："约定时间很快过去了，赶紧放下书去看看远处吧。"泽泽放下了书，可不一会儿，瞅见老师走远，他飞一般冲过去把闹钟往后调慢了15分钟。

老师们深知，这些言行都是孩子的天性使然。

平时上课，泽泽总是外教最好的互动对象，非常愿意举手起立回答问题，外教也愿意跟他一起多说两句话，然后用简单英语跟他聊，增强他的自信。外教通过这种简单交流，了解到教学的效果怎么样，孩子们心里在想什么，以及中西幼儿教育的融合所需。这样一个浅显的教学相长道理，收获的不仅仅是泽泽在全国大赛上获奖，更高的价值体现在孩子们分享了他的需求和愿望，老师分享了他的规划和关心，家长分享了他的努力和期盼。

一个很出名的成年人讲过一则关于分享的哲理，"你有一个苹果，我有一个苹果，我们彼此交换，每人还是一个苹果；你有一种思想，我有一种思想，我们彼此交换，每人可拥有两种思想。"

在孩子们的世界里，交流是一种途径，表达是一种需要，求助是一种本能，依赖是一种成长。

因为交流，所以懂得。因为懂得，所以珍惜。

"You and me."

这就是交流的真谛。

二 全面发展的人

国际文凭组织教育的核心，是要培养出全面发展的均衡人才，这是最科学、最人性化的教育理念。

谈到孩子的全面发展，睿睿的爸爸感觉很满意。

“我有时候故意问睿睿想不想去幼儿园，他说想去，喜欢去。只要想去，那就说明在幼儿园的生活给他的感觉很好，说明我们的选择是对的。”

孩子能够这样，有很多原因，睿睿爸爸总结的一个细节是园长的迎接。这也是汇佳的一个传统。历任园长早上站在幼儿园门口亲自迎接孩子进园。

睿睿入园之前是在家里一直由育婴师带着，基本上很少跟外边接触，所以刚来的时候是一个比较胆怯孩子，性格比较腼腆。

但经过这两年多的幼儿园生活，孩子在各方面都起了很大的变化。首先他的探索精神大大提高了，以前在家里玩玩具，玩坏了他就扔掉再买新的。现在玩具玩坏了他会修，他会开动脑筋自己“组装”，自己折腾，有时候会把几个坏掉的玩具组装成一个新的，在这个过程中，他自己也觉得很有意思。这是一种探索和创新的精神。这不仅锻炼了他的想象能力、动手能力，而且也有利于培养他杜绝浪费、勤俭节约的良好意识。

孩子能有这样一个变化，一个重要的原因是园里和老师们对孩子各种行为、各种“淘气”的宽容与接纳，哪怕刚入园的时候是多么“张牙舞爪”、“无法无天”，都是被允许的，没有问题，释放天性，一切OK！孩子的天性不仅没有被“打压”，而且还被接受、被承认、被鼓励，寓教于乐。园里有这样一种精神指导，孩子就能乐在其中，没有逆反心理。

还有一个变化是睿睿愿意问“为什么”了。以前他在家里特别闷，比较安静，不怎么爱说话。现在只要和爸爸在一起，就整天粘着爸爸问问题，脑子里有无数个“为什么”，比《十万个为什么》里面的“为什么”还多。问题多得爸爸都烦！为了应对他的“十万个为什么”，爸爸平时都得有意识地学习、储备一些以前不知道的知识，以便正确地解答他那些奇奇怪怪的问题。虽然有时感觉有点儿“不自在”，但看到他这个变化，爸爸又觉得很高兴，说明他的求知欲、好奇心被培养起来了，这是受汇佳幼儿园所提倡的国际文凭组织小学项目理念的影响。

随着在园里识字量的增加，他慢慢喜欢上了阅读。早上起来就坐在那儿看书，晚上睡觉之前他也是一定要看书的。以前是家长拿书给他讲，现在是他自己看。快6岁的他经常从幼儿园自己借书看，他看《植物大战僵尸》，甚至从学校借中国古代字词起源这类极“深奥”的书来看。把爸爸妈妈都惊呆了！

还有，睿睿的社交能力增强了。他当时进园的社交能力应该是零。但现在睿睿跟小朋友的相处，社交能力有很大的提高。交流能力强了，能够很聪明地和小朋友处理关系。汇佳在教育上提倡情商和智商的结合，贯穿着国际文凭项目的几大理念，不只培养孩子的学习能力，这与国家提倡的提高学生的综合素质是一脉相承的。

此外，睿睿变得爱劳动了，平时在家里能帮着爸爸妈妈扫扫地，拖拖地，归置一下东西。现在的小孩在家里大多是独生子女，除了有父母疼，往往还有爷爷奶奶姥姥姥爷宠，这种过于集中的疼爱很容易变成溺爱，养成孩子养尊处优、好逸恶劳的习气。只有让孩子做一些家务活，懂得劳动，才能体会到“一粥一饭来之不易，半丝半缕唯念物力维艰”的道理。尤其对于家庭条件比较好的孩子来说，勤俭的家风要在孩子小时候就树立起来。

另外，让睿睿爸爸最感慨的一件事就是：幼儿园很关注孩子的身体健康。因为这个年龄阶段的孩子，身体是一切的基础。身体的康健也是自信心的起点。

睿睿爸爸暗中“侦查”过，汇佳幼儿园在营养、配餐、卫生、疾病管理和防控等各个方面都很重视，每天早餐时幼儿园的大夫在门口亲自把关，逐一检查孩子的身体，看嗓子，看是否发烧等，日日如一，持之以恒，对保障孩子身体健康，防止传染病的发生都有很大的作用。园里组织孩子出去活动时从来不在外面吃饭，哪怕麻烦一点儿、累一点儿也要带孩子回来在园里吃。看起来很折腾、很辛苦，但是很放心。包括定期给餐具消毒，给孩子们检查身体，喝过滤之后的纯净水。这些孩子做什么事情都精力充沛，生龙活虎，看上去很有活力。因为他们的身体得到了相当大程度的关注和爱护，孩子们体验到一种真切的爱与关怀，所以在这里孩子们过得快乐而有尊严。园里甚至将这种健康理念传递给了孩子，引导他们学习健康的生活方式，带他们去超市，研究食物的营养成分、保质期，所以现在小孩有时候到超市买东西，会看保质期了。

从刚入园的羞怯柔弱，睿睿变成了活蹦乱跳、精力充沛的男孩儿。

睿睿的全面成长，还与学习者社区有关。学习者社区强调，不光是接受教育的孩子在成长，家长的教育理念也要成长，老师的教育水平也要成长。幼儿园特别重视家长培训，会定期邀请家长进行国际文凭项目培训，间接地提高了家长的素质。这样，以受教的孩子为中心，孩子、家长、老师形成一种三位一体的关系，将幼儿园打造成一个三者互动性很强、黏性很强的“社区”。也只有这样，才能让孩子处在一种360度无缝教育的环境中，才能保障孩子各方面的全面发展，实现无论在家里、在学校，都没有教育的真空地带。国际文凭项目理论认为，如果将教育完全倚赖于学校，或者完全倚赖于家庭，都是偏颇的，都会形成一半的“教育真空”。

在汇佳幼儿园，每个星期都会给家长发一张家园共育卡，在卡上清楚地写着孩子现在进行什么单元活动，拼音学了多少，算术在学什么，英语在讲什么单词、句子，新学了什么歌谣，体育课上跳绳能跳多少个，便于家长动态掌握孩子的学习进度和各方面情况，并提出积极的反馈意见。另外，家长进教室的机会很多，每两个月都会举行一次家长和孩子共同参与的主题活动，主题活动之后，会展示孩子和家长共同完成的作品。

2013年万圣节那天的主题活动是制作南瓜灯，要求小朋友回去做一个南瓜灯带过来，第二天早上在学校前面摆了很多的南瓜。睿睿主打了自己的设计。眼睛什么样，嘴什么样，整体什么样，他完全独创，掏瓤、刻图的活儿由爸爸妈妈协助完成。万圣节那天，学校组织了服装表演，晚上还请家长到幼儿园来一起跳舞，家长们带了很多糖发给小朋友们。睿睿爸爸高兴地说：“那天晚上，我忽然觉得孩子变得优秀了，这种优秀不是像别的家长一样炫耀他多聪明，会说多少英语，会背多少诗词，而是真正地有助于他的人生，养成他健全的性格。”

在年底的家园共育活动中，睿睿的爸爸用果盒和睿睿合力做了一个双面人，这个人偶上面有一个盖子，还有一个帽子，前面画了一个男孩的脸，后面画了一个女孩的脸。

那灿烂无邪的笑脸，映射了睿睿的童年。

二 有原则的人

振昊同学作为汇佳之星的最后一名，闪亮登场。与之前所有小朋友最大的不同是——振昊今年已经18岁，现在汇佳读高三，即将赴国外求学，曾担任IB电视台台长。这个从幼儿园开始就走进汇佳校园的少年，青春的脸上显示出的不是青涩，而是这个年纪的孩子身上少有的成熟和果敢。

“我小的时候，因为父母工作很忙，所以想到要把我送到一所比较好的寄宿制学校，后来他们选择了IB汇佳。没想到，这个选择，深深地影响了我直到现在。”

1999年，振昊来到了汇佳幼儿园，就读K1班。刚来的时候，小振昊也有过害怕与孤独感，从小没有离开家的他，进园第一天，就看到了一个小伙伴在那儿哭泣。这种气氛，难免会让小振昊心有戚戚。特别对于一个3岁的孩子来说，他情不自禁地拿老师和妈妈做一个对比。老师会像妈妈对我那样好吗?

不久，仿佛为了回答他的话，他中招了，一场突如其来的感冒发烧让小振昊昏昏沉沉。朦朦胧胧中，他感觉，是不是妈妈来了，温柔地替他擦汗，扶起他喂他吃药。那天使一样的温存，足以驱散病毒。等小振昊清醒过来，他想起来，不是妈妈，是幼儿园负责保育的老师。她的温柔，温暖了他的童年记忆。

让振昊忘却不了的童年记忆，还有一次全班去木偶剧院表演节目。人头攒动，乌央乌央，汇佳的小朋友又都特别有主意，每个人都要表达，纷纷做起小导演，表达该怎么排怎么排，这是要叫人要疯掉的节奏啊。

“如果让我面对这样一群孩子，我肯定特别烦。”振昊说。可在他的记忆中，那天老师没有对任何人急或说过一句重话。如果面对一个小朋友气定神闲不稀奇，可如果20多个小家伙都在表达不同的见解，都想干自己的事情，老师还能一个个耐心地去劝解…… “现在回想起来，她们真的不是普通的老师。她们是老师里面的超级星。”

这里还有一个与其他幼儿园不同的地方，就是允许“试错”。无论是中教还是外教，都不会吝惜给小朋友点赞，都鼓励孩子们遇到不会的、不懂的，勇敢尝试，不要退缩。对一个问题，小朋友可能有自己的想法，但它可能不是传统意义上的正确答案，那很好啊，不要紧，用“错”与“对”来评价一个事物本身就是狭窄的。汇佳提倡“诚错”，从小到大一直都不犯错误不可能，而幼儿园，一个人最“幼稚”的时光，犯错误是他的 “特权”。

需要指出的是，错误不可怕，重要的是，犯错误之后的勇于承担。我们鼓励孩子勇敢地闯荡，只是提醒一点：不管犯了什么错误你需要自己去承担。

所有的这些冒险，这些“试错”，不是虚无缥缈天马行空的，它是建立在原则的基础上的，以良好的礼仪和行为习惯，作为奠基。

振昊清楚地记得从幼儿园时代培养的习惯。它们像小叶子上的脉络，深刻地镌刻在他的年轮里。如餐桌礼仪，不能把筷子敲响，吃饭的时候，不要啪叽嘴。“这些都是幼儿园告诉我的，然后慢慢地成为我的一个行为习惯、思维习惯。它给予我一个健康的成长方式，也有利于我以后更深层次的发展。”

这是可以看得到的事实。从汇佳幼儿园毕业之后，振昊继续在汇佳学习，他很庆幸，自己的小学和中学阶段没有在公立学校度过，否则，那段生活留给他的记忆，恐怕是除了学奥数和无休止地做题之外，不会再有其他的了。这并不是说公立学校有什么不好，只是他认为那样书山题海式的单调生活并不适合自己，而那样的生活状态也会直接影响到他现在的精神面貌和思维模式，传统的应试教育与汇佳学校的IB教育，是两条完全不同的路。这两条路无法说谁好谁劣，就像人们无法指出花园中的百花究竟哪一朵最美一样，问题的关键只在于个人的选择。于他而言，选择汇佳这条与应试教育完全不同的全面发展之路，是最适合自己的。

除了较好的学习成绩之外，振昊还收获了很多意外的惊喜。如他曾经担任过IB电视台的台长。汇佳学校中有很多学生自发组织的社团，每个学生都可以根据自己的爱好自由选择，振昊选择了电视台，并当上了台长。

在进入高中时，振昊已经意识到，每个人都应该有一个侧重的发展方向，然后借助汇佳提供的平台，向更高层次发展。因为对传媒、影视这方面比较感兴趣，振昊经过再三权衡，最终选择了加入学校的电视台。

每届台长的任期虽然只有短短的一年，但至少它表现出的是对自己能力的一种肯定。他认为，自己完全有能力胜任这项工作，所以，入社伊始，他就向着台长的目标发起了“进攻”。他成功了，事后的结果也证明，振昊是一位很称职的台长。不过，现在回忆起这段经历，振昊坦言，他这位台长的确做得很辛苦。

平时，电视台会播放一些社团的学生们自己拍摄的类似于微电影一类的创意短片，有时也会放长电影——而这类的“大部头”，多是学生们借着假期那段相对充裕的时间自己拍摄的。当大家在“电影活动周”期间，将这些影片在学校的阶梯教室放给同学们看的时候，谁又会知道，这些影片的拍摄者们经历了多少艰辛。

通常而言，为了拍摄一部影片，电视台的所有成员都会付出全部精力。大家经常每天早晨六七点钟起床，辗转赶到远在望京地区的798艺术区进行拍摄，直到天都黑透了才能回来。但在这个辛苦奔波过程中，大家也收获了不少，比如逐渐学会了很多专业拍摄器材的使用，另外，大家也变得更团结了，因为所有人都明白，一切的付出都是为了完成同一件事情而努力，“即使苦儿点累点儿，心里也感觉是甜的”。

虽然说人多力量大，但人多了矛盾也就在所难免，振昊和他的团队也不例外。在拍摄影片的过程中，团队成员间经常会出现因为影片所用剧本的创意定位、技巧手法等的不同而引发的一些争执。比如有人辛辛苦苦地写剧本写到凌晨一两点钟，然后在QQ上与另外一个朋友谈自己的创意，却遭到对方的否定，双方争执不下。

振昊说，这类情形经常发生，不过，争执的双方谁都不会因此而“记仇”，更不会有谁甩手不干。一时的生气过后，大家都会冷静地反思一下，对方的想法有哪些正确的地方，自己的想法又有哪些不足。随后，他们会再进行多次地沟通，直到最后大家都满意为止。“这是一个很正常的磨合过程，等你走过之后就会发现，它真的很自然。而我们也在这个过程中逐渐学会了团结合作，学会了尊重和理解别人。”振昊认为。

甚至，他这个台长，有时要付出比别人更多的刻苦与坚持。在一次演唱会结束之后，一个乐队找到了振昊，他们想把演唱会的影像刻一张光盘，在电视台播放。他们本来预约好一家工作室，代为刻录这张光盘。可在临近播放的前两天，这家工作室的电脑崩溃了。这时，想要临时更改播放时间，为时已晚。学校里不管什么活动，约好了就是约好了，你不可能再去更改，因为老师已经把场地留给你了。

“你把片子交给我吧！我来剪！给我一个晚上！如果说不行的话你们再找其他人。”说完之后，振昊自己都愣了一下，他也完全没把握。但他心底里，有一个笃定不移的主意：“不能就这样把机会浪费了，就算最后剪出来的片子很烂，至少我努力过了，我不后悔。”

这是一个“神一样”的决定。最后的期限是第二天凌晨，而振昊基本上是个“剪辑盲”。他要在一个晚上的时间，剪出快2个小时的纪录片。需要从四个机位数十个镜头里面，挑选出最酷、最震撼、最燃情的镜头。此外，还要做到画面与声音的完美配搭，无缝衔接……

第二天“面世”的振昊，基本上是“面无人色”的。好在，片子还不赖。很多学弟学妹通过纪录片看到了演唱会的震撼与精彩。

默默无声，但体现的是少年振昊的原则：有困难大家要一起担当。

有志于往传播、电影方面发展的振昊，才18岁，就已经对传媒，有了深刻的体悟。传媒就像一个锅，这个锅，只负责把你的菜炒得更好，但一个片子，好不好，最终看你的菜，而你的内涵，你的思想，才是真正的会令观众愿意回味的美味佳肴。这些，都需要你依靠自己去磨炼，自己去养成。

为此，他在汇佳博览群书。从高三开始他就开始恶补历史，也喜欢看《金陵十三钗》这样的电影，从小人物的命运悲欢，到大时代的起承转合。对少年振昊来说，他情有独钟的还有昆德拉的《不朽》，在这部书里，有这样的优美抒情和灵魂吸引：

没有一点儿疯狂，生活就不值得过。听凭内心的呼声的引导吧，为什么要把我们的每一个行动像一块饼似的在理智的煎锅上翻来覆去地煎呢？

生活？生活中没有幸福。生活就是：扛着痛苦的“我”穿行世间。而存在，存在即幸福。存在就是：变成一口井，一个石槽，宇宙万物像温暖的雨水，倾落其中。

未来世界，苍茫如苍鹰之翼展开。但有一点，他是确定的：那就是在能表达的时候，去表达；在思考的时候，尽量独立地思考；在能尝试的时候，努力去尝试。

这也是他会一直恪守的，从18岁到28岁、38岁，会坚持的终极style。

“这样你才会永不言悔。”

国际文凭组织小学项目详解

——国际精英小学生培养计划

“国际文凭组织小学项目”是“Primary Year Program ”的缩写，是国际文凭课程（International Baccalaureate）四大课程的基础课程。

国际文凭组织小学项目是当今世界公认的、培养精英学生的、高水平的IB项目，由国际文凭组织（IBO）为具有长远教育需求的3~12岁学生设计的，其核心是形成对重要概念(Concepts)的理解、形成积极的态度(Attitudes)、掌握基本的知识和技能(Knowledge and Skills)、采取负责的行动(Action)。旨在培养有质疑能力，有知识并且懂得关爱的年轻人，通过跨文化理解和尊重去创造美好、和平的世界。鼓励全世界的学生成为积极，热情，理解他人，尊重差异的终身学习者。

国际文凭组织小学项目设有六大超学科探究主题（Six Transdisciplinary Themes）：

1.我们是谁（Who we are）

2.我们身处什么时空（Where we are in place and time）

3.我们如何表达自己（How we express ourselves）

4.世界如何运作（How the word works）

5.我们如何组织自己（How we organize ourselves）

6.共享地球（Sharning the planet）

国际文凭组织小学项目下设六组学科领域（Six Subjectareas）：

1. 语言（Language）

2. 数学（Mathematics）

3. 科学（Science）

4. 社会学（Social studies）

5. 个人教育、社交教育和体育（Personal，social and physical education）

6. 艺术（Arts）

国际文凭组织小学项目要培养的十二种态度：

1. 欣赏（Appreciation）：能欣赏世界的和本民族的优秀文化遗产。

2. 投入（Commitment）：孜孜不倦，勤奋好学，能够约束自己，富有责任感。

3. 自信（Confidence）：树立个人学习的信心，有勇气冒险，会学以致用，有果断的决策能力。

4. 合作（Cooperation）：能因势利导，灵活应变，与他人良好地合作。

5. 创意（Creativity）：思维方式、处理问题、应付复杂局面方式具有创造性。

6．好奇心（Curiosity）：对世间万物如世界、人类和文化充满好奇。

7．同理心（Empathy）：设身处地为他人着想，理解包容其他人的思维方式和情感。

8．热情（Enthusiasm）：积极上进，不断进取。

9．独立性（Independence）：独立思考、独立判断、独立决策。独立分析问题和解决问题。

10．正直（Integrity）：忠厚老实，处事公正，为人正直。

11．尊重（Respect）：尊重自己，尊重他人，尊重身边的世界。

12．宽容（Tolerance）：感受差异，尊重差异，恰当处理差异。

二 IBO与国际文凭组织小学项目的前世今生

国际文凭组织小学项目，是由IBO（国际文凭组织）形成。这家总部设在荷兰海牙的国际教学机构，有自己的科研活动基地（设在英国的巴斯）、课程和评估中心（设在英国的卡迪夫）、财务部和出版社（设在英国的卡迪夫）。3个地区办公室，分别是美洲地区办公室IBNA（设在美国马里兰州）、非洲—欧洲—中东地区办公室IBAEM（设在荷兰海牙）和亚太地区办公室IBAP（设在新加坡）。

IBO有四个课程项目，它们分别是大学预科项目DP（Diploma Program）、中学项目MYP（Middle Years Program）、小学项目PYP（Primary Years Program）和职业教育证书项目（Career-related Certificate）。大学预科项目DP适合于16～19岁的学生，学制2年；中学项目适合于11～16岁的学生，学制5年；小学项目适合于

3～12岁的学生，学制9年；职业教育证书项目适合于16～19岁的学生，学制2年。

IBO及其课程，拥有悠久的历史和广泛的世界影响，旨在为国际流动学生设立一个共同的课程，方便他们从一个国家转学到另一个国家，并获得世界各国大学的认可。其教育理想是培养具有国际视野、理解和尊重文化的多元性、富有人道主义精神的世界公民。崇高的教育理想、全面的课程体系和严格的评估标准使这一课程很快就获得了广泛的认可，成为全世界国际教育的领跑者，其毕业生受到世界各国大多数大学的青睐。

通过在汇佳幼儿园的学习，打下良好基础、具有深厚积淀的孩子，在日后的各项教学评估中，均名列前茅。汇佳幼儿园的不少孩子，成功进入汇佳小学、中学，并为世界前100强大学录取。

我们在那些幼小的孩子身上，播下信仰的种子，梦想的种子，责任的种子，自我成长的种子。这些种子，也许今天只是胚芽，只是“一介微尘”，但只要有几颗发了芽，我们就不用对未来的世界忧心忡忡——他们会长成《阿凡达》里参天的神树，他们是托起未来的蘑菇云，是打破冰河世纪、迎来黄金纪的主人翁。

汇佳之星，属于你我。属于未来。

不吐不快

现在孩子在人大附小上学。老师最爱表扬孩子的一句是：“你们的孩子思维特别活跃，总有自己的想法，总有自己的创意。”我想这与汇佳的培养有关，老师给出一个东西之后，不会给出一个单一的答案，而是帮孩子开发出多元的答案。孩子做一件事情时，绝对不是按成年人想象的那样去做，但她能做得更好，拿出来的效果让人意想不到。

——多多妈妈

汇佳的孩子有什么不一样？

我们家孩子上汇佳后，发生了一些微妙的变化，这一点可以从他与院子里其他孩子们间的差别看出来。我们的孩子属于理智型的孩子，处理问题特别温文尔雅，不会打架。但与此同时，我们孩子又很大方，放得开，个性也鲜明。

——都都爸爸

这3年，是孩子的成长，也是我的成长。我更懂得孩子了，也更博大了。

——淘气包的妈妈

不一定要在国外才能接受好的教育。

“儿童散学归来早，忙趁东风放纸鸢。”看见幼儿园张贴的这古色古香的诗句，我心陶醉。转而，回过头来，外籍老师冲我嫣然一笑，阳光灿烂。

呵呵，何必鹏程万里？桃源就在家园。

——小黄人的妈妈

朝搴阰之木兰兮，夕揽洲之宿莽。日月忽其不淹兮，春与秋其代序。难忘汇佳！师恩永存。

——咪蒙爸爸